福建省财政厅智库项目"高质量发展背景下部门预算绩效管理改革——以福建省为例"（SCZ202103）资助

福建省财政厅智库项目"财政支出绩效管理案例分析"（SCZ202201）成果

福建省社科联基地重大项目"高质量发展背景下福建省部门预算绩效管理改革研究"（FJ2022JDZ038）部分成果

集美大学本科教育教学改革"财政绩效管理案例分析"课题成果

集美大学"四新"建设研究与改革实践项目"构建'跨专业交叉、多平台支撑、产学研融合'财政学本科人才培养体系"课题中期成果

胡志勇 编著

财政支出绩效管理案例与分析

CAIZHENG ZHICHU JIXIAO GUANLI
ANLI YU FENXI

中国财经出版传媒集团

经济科学出版社
Economic Science Press

图书在版编目（CIP）数据

财政支出绩效管理案例与分析／胡志勇编著 . --北京：经济科学出版社，2023.8
ISBN 978 - 7 - 5218 - 5077 - 2

Ⅰ.①财… Ⅱ.①胡… Ⅲ.①财政支出 - 财政管理 - 研究 - 中国 Ⅳ.①F812.45

中国国家版本馆 CIP 数据核字（2023）第 162542 号

责任编辑：杜　鹏　武献杰　常家凤
责任校对：刘　娅
责任印制：邱　天

财政支出绩效管理案例与分析
胡志勇　编著
经济科学出版社出版、发行　新华书店经销
社址：北京市海淀区阜成路甲 28 号　邮编：100142
编辑部电话：010 - 88191441　发行部电话：010 - 88191522
网址：www. esp. com. cn
电子邮箱：esp_bj@ 163. com
天猫网店：经济科学出版社旗舰店
网址：http: //jjkxcbs. tmall. com
固安华明印业有限公司印装
710 ×1000　16 开　11.25 印张　170000 字
2023 年 8 月第 1 版　2023 年 8 月第 1 次印刷
ISBN 978 - 7 - 5218 - 5077 - 2　定价：68.00 元
（图书出现印装问题，本社负责调换。电话：010 - 88191545）
（版权所有　侵权必究　打击盗版　举报热线：010 - 88191661
QQ：2242791300　营销中心电话：010 - 88191537
电子邮箱：dbts@ esp. com. cn）

前　　言

　　自 2018 年 9 月 1 日《中共中央 国务院关于全面实施预算绩效管理的意见》发布以来，中国预算绩效管理的改革可谓如火如荼。财政部在 2020 年 2 月印发《项目支出绩效评价管理办法》，在 2021 年 1 月印发《关于委托第三方机构参与预算绩效管理的指导意见》，在 2021 年 8 月印发《中央部门项目支出核心绩效目标和指标设置及取值指引（试行）》等。财政部发布的政策规章有利于指导预算绩效管理各主体规范地开展工作。中国预算绩效管理还处于积极探索的阶段，目前财政部已发布的政策规章尚不能覆盖"全方位、全过程、全覆盖"预算绩效管理的各方面内容。各地财政部门也在积极探索如何建立"全方位、全过程、全覆盖"的预算绩效管理框架，从开展重点项目预算绩效评价向部门预算绩效评价推进，从事后绩效评价向全过程绩效管理转变，从仅做预算绩效评价到结果应用，从预算绩效评价结果不公开到公开，以及建立分行业、分领域、分层次的指标体系等。学术界和实践部门对预算绩效管理的研究，在文献数量和质量上都比以往有较大提升。

　　集美大学地方财政绩效研究中心是福建省首批哲学社会科学研究基地，自 2014 年成立以来一直致力于地方财政绩效的研究和实践，先后承担福建省地方财政绩效评价课题 200 余项，出版《地方财政绩效管理理论与实践》《中国政府成本会计体系构建与实施研究》《中国部门预算绩效管理改革研究》等专著，在 CSSCI 杂志上发表《政府预算绩效管理与政府会计改革协同性研究》《论预算绩效指标体系构建标准及应用》等论文。在积累一定的实践经验和理论研究成果后，有必要将实践案例进行汇总归类分析以供各管理主体参考。

本书名为《财政支出绩效管理案例与分析》，之所以没采用"预算绩效管理案例与分析"的名字，主要考虑预算绩效管理包括财政支出和财政收入绩效管理两部分，而本书的案例主要涉及的是财政支出绩效管理。全过程的预算绩效管理包括事前绩效评估、事中绩效执行监督和事后绩效评价。本书主要关注事前绩效评估和事后绩效评价。

本书主要包括项目和政策绩效管理案例与分析、部门绩效管理案例与分析和政府综合绩效管理探讨三部分，具体章节是：第一章为财政支出事前绩效评估和事后绩效评价操作。本章依据《中华人民共和国预算法》及相关政策文件，根据预算绩效管理经验，探讨财政支出事前绩效评估和事后评价的准备工作、指标体系、工作流程等内容；第二章为项目支出绩效管理案例与分析。因目前地方财政对预算绩效事前评估的实践还在试点阶段，案例来源很不充足。笔者根据实践经验讨论并设计不同部门行业的项目预算绩效评估操作，并提供不同部门行业的项目事后预算绩效评价案例，通过案例分享项目预算绩效管理的经验；第三章为政策和制度绩效管理案例与分析。本章内容讨论并设计政策与制度事前预算绩效评估操作，并提供政策和制度绩效管理案例，通过案例分享此类预算绩效管理的经验；第四章为部门单位整体绩效管理案例与分析。本章内容讨论并设计部门整体预算绩效评估操作，并提供一些部门整体事后预算绩效管理案例，以此分享部门整体预算绩效管理的经验；第五章为政府财政运行综合绩效管理案例与分析。目前，中央和地方财政部门已经开始尝试开展政府财政运行综合绩效管理实践，本书根据地方经验对指标体系设计、评价报告撰写等进行探讨。目前，全国性规范预算绩效管理实践的制度文件还很匮乏，故本书的案例中所提到的流程、规范和指标体系等以本中心实践经验为主进行设计。本书案例及案例问题、对策是综合中心诸多案例，结合笔者多年实践与研究设计的。作者希冀以此"抛砖引玉"，如有不当还请读者批评指正。

胡志勇

2023 年 5 月于集美学村

目　录

| 第一章 |

财政支出事前绩效评估
和事后绩效评价操作

　　财政支出事前绩效评估和事后绩效评价是财政支出绩效管理的两个重要环节。我国预算绩效管理改革始于预算绩效评价而非事前绩效评估。从改革实践看，预算绩效事前评估工作的推进总体上是相对滞后的，至今预算绩效事前评估工作在各地也仅是试点，有些地方甚至尚未开展事前绩效评估。事前绩效评估是属于"全过程"绩效管理的前端，对整个预算绩效管理起到基础性作用。将经评估而通过的预算绩效目标和指标值作为事中监控和事后评价的重要依据将大大提高事中、事后绩效管理的效益。尽管目前案例很少，但探讨项目与政策、部门整体和政府预算绩效事前评估还是很有必要的。自2018年9月1日《中共中央 国务院关于全面实施预算绩效管理的意见》发布以来，各地财政部门在推进预算绩效评价工作方面取得一定成绩。以福建省为例，目前全省各县市预算绩效评价工作大部分已推进到部门整体绩效评价阶段，且一些地方已经自觉应用预算绩效评价结果。因此，项目与政策、部门整体预算绩效事后评价案例较为丰富，而政府预算绩效评价还处在试点阶段，还很不成熟。尽管政府预算绩效评价案例很匮乏，笔者还是用了单独一章进行介绍。

　　在分析具体预算绩效管理案例前，笔者先讨论预算绩效事前评估和事后绩效评价的事前准备工作、绩效指标体系、工作流程、报告格式及结果应用等。

第一节　财政支出事前绩效评估

财政支出事前绩效评估是关系到事中绩效监督和事后绩效评价能否有效进行的关键环节。本节内容主要论述财政支出事前绩效评估准备工作、事前绩效指标体系设置与评估、事前绩效评估工作流程、事前绩效评估报告参考格式、事前绩效评估结果应用。

一、财政支出事前绩效评估准备工作

财政支出事前绩效评估涉及财政部门、被评估部门和事前绩效评估专家（如有需要，可以让第三方评估机构介入）。目前，财政支出事前绩效评估对象是项目、政策和部门预算支出和绩效目标，未来还要做政府预算支出绩效事前评估。

1. 财政部门的准备工作主要是确定评估对象、成立评估工作组和制定评估工作方案。

（1）确定评估对象。从构建"全过程、全方位、全覆盖"预算绩效管理改革目标看，所有财政支出都应该进行事前绩效评估。但从成本效益视角看，目前财政部门应着重做好重大项目、政策和部门预算支出的事前绩效评估。非重大项目可分为经常性项目和非经常性项目进行管理，对经常性项目，财政部门在进行一次事前评估后可让部门单位进行自评估。对非经常性项目，财政部门要求部门单位做好可行性论证、视项目支出金额大小来决定是否组织事前绩效评估。总之，事前绩效评估不能流于形式，不能为做事前评估而做事前评估，要能将事前评估结果加以应用，要衡量事前评估的成本与收益。

（2）成立评估工作小组。财政支出事前绩效评估工作小组的成员构成对事前绩效评估质量影响很大。评估工作小组的成员应包括财政部门绩效科室人员、业务科室人员、行业专家（项目涉及行业领域的专家）、人大代表（最好是项目惠及区域的人大代表）、审计部门人员、绩效评估评价专家等。

（3）拟定评估工作方案。评估工作方案必须明确每个时间节点的各项工作，包括下达事前评估通知；为被评估单位预留准备时间，提交材料目录；评估小组成员阅读和了解预算和绩效内容；组织事前绩效评估工作会，现场答辩；将事前评估结果反馈给被评价预算单位，预算单位再修改调整等。

2. 被评估单位要做好项目和政策的可行性论证，科学、合理地编制项目和部门预算和绩效目标，准备事前评估各种材料。理论上，新项目必须要有可行性论证，尤其是关于项目支出规模、单位费用（在公共领域，采用单位费用比单位成本更为严谨，比如城市垃圾收运，财政部门支付给收运公司的单位费用包括单位成本和单位利润）的论证。新项目要根据项目大小和可行性论证的成本收益情况来考虑是否要论证；新政策或者政策修订一定要进行可行性论证；已经论证过的经常性项目就不需要再论证，但对经常性项目增加的预算部分不能简单采用基数加增长的思维方式，要尽量采用零基预算思维方式进行编制。

3. 第三方机构的事前绩效评估准备工作。在特殊情况下，比如项目较为复杂、规模较大，采用案头阅读预算和绩效指标的方式不能有效评估的，委托第三方机构进行事前评估就很有必要。与事后预算评价相比，事前评估的时间会更显得不充裕，它要求第三方在较短时间完成现场座谈、收集资料、现场调查并出具事前绩效评估报告。因此，第三方机构在接受委托后要马上制定详细的工作方案，然后尽快进场组织事前评估。

二、财政支出事前绩效评估指标体系设置

目前，预算绩效管理指标体系主要由投入（决策）、过程、产出和效果4类一级指标构成。不过，事前绩效指标体系和事后绩效指标体系存在一些

区别。事前绩效指标主要包括投入、产出和效果三类指标。财政支出事前绩效的投入（决策）类指标并不是指标体系的主要指标，它主要反映投入情况，比如投入金额、投入领域或投入具体对象等。过程类指标不作为事前绩效指标体系的内容的原因是：过程指标关注预算执行率、政府采购规范性、财务管理制度与执行、廉洁民主、信息公开等方面内容，是预算单位在资金使用过程中应建设和遵守的相关制度及行为规范。它们是有效使用财政资金必备的制度环境条件之一，不应作为财政支出事前绩效指标体系的内容。它们属于保障财政资金有效使用的必要条件，尤其是在我国预算管理目前尚属于"控制型"为主的情况下，事后绩效评价指标体系把"过程"指标纳入指标体系是必要的，以此评价财政资金使用的制度环境条件与条件实施的具体效果。

财政支出事前绩效评估的产出类指标要结合项目（政策）、部门的特点、目的和职能、战略规划目标和年度计划目标，结合财政投入规模科学合理地进行设置，要尽量采用量化指标，要进行适当归类汇总而不是将财务支出产生的行为或结果简单罗列。

比如春运经费支出的事前绩效产出指标，按财务支出产生的结果进行简单罗列，可设置工资劳务支出、物资采购支出、固定资产设备维护支出等指标。经过归类汇总后可设置为安全性支出、人性化支出、应急性支出、其他支出。

再比如名木古树保护专项支出的事前绩效产出指标，按照财务支出产生的结果进行罗列，可设置各个区每棵名木古树的保护支出等，经过抽象归类后可设置名木古树的寻访费用、造册登记费用、四季保护开支等。除了指标归类设置，产出类指标设置的另一个关键问题是指标的目标值设定。预算单位具有预算资金使用的信息优势，事前绩效指标的目标值可根据历史标准、行业标准、市场标准、计划标准等进行合理设定。

但实际上，许多预算单位对预算绩效管理还处在比较被动的状态之中，事前绩效指标的目标值设定很随意、不合理、不科学。事前绩效指标的目标值设定不合理直接影响事中绩效监督和事后绩效评价活动的有效开展。鉴于此，财政部门要组织专家对预算单位提交的事前绩效目标和目标值进行认真的评审。

财政支出事前绩效评估的效果类指标包括经济效益指标、社会效益指标、环保效益指标、可持续性影响、服务对象满意度五个二级指标。

（1）经济效益指标。实践中，预算单位往往不知道如何设定经济效益的目标值，诚然，很多项目支出是没有直接和明显的经济效益的。笔者认为，一些经济性项目，比如乡村振兴中的产业扶持项目支出，设定项目支出的经济效益目标值可按科学、合理的估测数填写即可，所谓科学、合理是要符合市场规律，要符合当地和项目规模的现实。对于缺乏直接和明显经济效益的项目，笔者认为也可以通过设置成本费用控制措施的方式来设置经济效益指标和设定目标值，比如垃圾处理费专项，预算单位是否对垃圾处理费支付采取成本控制和节约措施，以此评价实际成本费用相较于以往节约多少。换言之，经济效益可以从节约成本角度进行指标设置和目标值设定。

（2）社会效益指标。笔者认为，社会效益指标可根据项目和部门支出直接产生的效益进行合理设置，比如对地方戏曲扶持支出的社会效益，具体的衡量指标可采用在何种级别媒体上播出、获得什么样的社会影响、获得何种级别表彰、是否成为城市的旅游"名片"、每年听众总数等。

（3）环保效益指标。环保效益可通过是否采购环保物资、是否低碳、环保标准是否提高等指标进行衡量。

（4）可持续性影响。可持续性影响的衡量可从两方面进行，一是财政支出产生的行为、资产、人才团队等可持续性影响；二是当地财力是否可持续性支持项目支出。

（5）服务对象满意度。服务对象满意度主要采用调查问卷进行，但现实中，评价周期太短、服务对象群体过大、评价经费不足等原因导致服务对象满意度的调查无法有效完成，此时可采用替代衡量标准，比如投诉率、投诉处理的满意度、上级主管部门或行业协会组织的各种评比获奖等。

财政支出事前绩效评估是预算绩效管理的开始，事前绩效评估工作越扎实，事中绩效监控越容易开展，事后绩效评价发现的问题就越少，预算绩效管理成效就越好。

从目前预算绩效管理实施情况看，各地改革进展不一。一些地方财政部门已经意识到预算绩效管理的重要性，并从被动实施转变为主动实施，自觉将预算绩效评价结果加以应用，主动开展事前预算绩效评估。然而一些地方财政部门的预算绩效管理工作还是进展缓慢，甚至是消极被动。笔者认为，目前对所有项目实施事前绩效评估可能在很多地方还不符合实际，较为可行的做法是，先挑选重点项目（政策）或者个别部门单位进行事前绩效评估，然后逐步扩大事前绩效评估的覆盖面。

与事后绩效评价相比，事前绩效评估的时间短，且评估的侧重点不同，评估的方法也不同。事前绩效评估的侧重点在于项目或部门支出是否符合公共财政职能和公平与效率目标，是否符合国家和地方政府的相关法律法规，是否符合国家和地方政府相关政策，是否有可行性报告（重点、重大项目和建设工程等项目需要提供可行性报告），是否设置成本控制措施，支出结构是否合理，绩效目标是否明确、合理，支出规模是否与当地财力相匹配等。

简而言之，事前绩效评估的重点在于财政支出的合法与合规性，财政支出规模和支出结构安排是否合理，绩效指标设置是否明确、科学，绩效指标目标值是否合理等。

三、财政支出事前绩效评估流程

如果项目（政策）或部门支出可以通过案头评估方式进行事前绩效评估，那事前绩效评估流程就可以简单化。专家先阅读资料，而后通过评估会现场询问，预算单位可现场举证或者事后提供材料证明，专家出具评审意见。

但对于较为复杂的项目，无法通过案头评估方式进行事前绩效评估的，比如用于基础设施建设的政府专项债，财政部门可以考虑委托第三方机构进行事前绩效评估。财政支出事前绩效评估流程大体可设计如下①。

1. 财政部门确定事前绩效评估对象；

---

① 参考北京市财政局 2021 年 10 月发布的《北京市市级财政支出事前绩效评估管理办法》。

2. 确定评估专家或第三方机构；

3. 拟定实施事前绩效评估的方案（由财政部门或第三方负责）；

4. 预算单位提交相关资料或第三方机构现场交流、调查以及收集资料；

5. 专家现场审核材料，预算单位现场答辩；

6. 撰写事前评估意见或报告；

7. 提交评估意见或报告，接受预算单位的反馈意见后再修改报告；

8. 确定事前绩效评价结果。

四、财政支出事前绩效评估意见或报告参考格式

对财政支出事前绩效评估意见（报告）格式进行规范是很有必要的。笔者认为评估意见（报告）至少应该包括以下部分：事前评估对象，事前评估原则、依据和方法，事前评估的具体内容，事前评估结论和建议，附件。

1. 事前评估对象。此部分要明确事前评估对象的具体情况，即项目、政策或部门名称、预算金额、预算绩效目标以及预算资金使用范围等。

2. 事前评估原则、依据和方法。此部分明确事前评估所采用的原则，比如独立性原则、客观公正原则、以人为本原则、绩效导向原则、科学规范原则、权责对等原则等；明确事前评估依据，具体包括《中华人民共和国预算法》（以下简称《预算法》）以及国家、省市县财政部门有关预算绩效管理的政策文件、行业政策文件及标准、部门职能、中长期规划及年度计划等；明确事前评估采用的方法，比如最低成本法、成本效益分析法、因素分析法、公众评价法、专家打分法等。

3. 事前评估的具体内容。事前评估重点评价新增项目和政策的必要性和可行性，审阅预算单位的事前调研和可行性报告并提出审阅意见；评价项目和政策支出规模和成本费用是否科学、合理；评价项目和政策的绩效评估指标、指标目标值是否合理、规范；评价部门预算支出结构是否科学、合理，评价部门预算支出的成本费用控制是否合理、规范，评价部门预算支出绩效指标和指标目标值是否合理、规范等。

4. 事前评估结论和建议。事前评估报告要给出明确结论意见。笔者建议，评估报告意见大体可分为以下三种：无保留意见并通过；保留意见并修改通过；不通过并建议取消。评估报告的建议部分是针对报告结论而提出的，可详细提出修改意见及建议。

5. 附件。附件包括评估证明材料（比如可行性报告）、回应专家质疑的证明材料、评估现场照片、评估专家意见表等。

事前绩效评估报告（参考格式）*

一、评估对象

项目（政策、部门）名称：

项目（政策）属性：

项目（政策、部门）申请财政资金总额：

项目（政策、部门）绩效目标：

项目（政策、部门）概况：

二、评估原则、依据、程序和方法

（一）评估原则

（二）评估依据

（三）评估程序

（四）评估方法

三、评估内容

（一）项目（政策）必要性和可行性

（二）项目（政策、部门）预算绩效目标的合理与规范性

（三）项目（政策、部门）预算的科学、合理性

四、评估结论和建议

（一）评估结论：无保留意见并通过，或保留意见并修改通过，或不通过并建议取消。

---

* 此格式借鉴《北京市市级项目事前绩效评估报告》参考格式。

（二）评估建议

五、附件

……

五、财政支出事前绩效评估结果应用

财政支出事前绩效评估结果应用是缓解财政部门与行政部门管理之间"信息不对称"问题的一个重要举措，通过吸收评审专家的审核意见进一步优化预算安排。财政支出事前绩效评估结果应在确定预算并报送人大审议之前提交，财政部门和预算单位根据事前绩效评估结果重新安排预算。尽管事前绩效评估报告已经吸收单位的反馈意见，但为了维护预算编制的严肃性，财政部门根据事前绩效评估结果进行预算批复前要给单位一个"自我举证"的机会。鉴于此，财政支出事前绩效评估报告应在"一下"（或者"二下"）① 之前提交。

第二节　财政支出事后绩效评价操作

财政支出事后绩效评价是预算绩效管理的关键环节，是对财政支出事前和事中绩效管理效果的考核。然而，我国预算绩效管理是从事后绩效评价开始的，采用"倒逼"改革的方式。早在 2018 年《中共中央 国务院关于全面实施预算绩效管理的意见》出台前，一些地方经过一段时间的事后绩效评价，逐步探索实践事前绩效评估，并总结了不少经验，比如福建省、广东省、浙江省等。因此，我国"全过程"预算绩效管理改革在"事后绩效评价"这一环节积累了较为丰富的实践经验。本书主要结合集美大学地方财政绩效研究中心的实践经验，从事后绩效评价准备工作、事后绩效评价指标体

---

① 采用"二上二下（三上三下）"编制方式，在"一下（二下）"之前提交事前绩效评估报告。

系、事后绩效评价流程、事后绩效评价报告参考格式、事后绩效评价结果应用方面进行介绍。

一、财政支出事后绩效评价准备工作

财政支出事后绩效评价的准备工作涉及财政部门、被评价部门和第三方机构。

财政部门的绩效科室要求各科室报送上一年度需要进行预算绩效评价的项目、政策和部门。财政部门各科室根据预算绩效管理需要，认真选择当年度预算绩效评价项目。选择上一年需要进行预算绩效评价的项目、政策和部门时，各科室应着重考虑以下几个因素：项目（部门）预算支出资金规模、项目（政策）是否关系重大民生、项目（部门）财务管理与内部控制制度状况、成本费用控制现状与难易程度、预算支出信息透明度、政策重要性、项目是否属于非经常性项目、被评价单位是否有科学合理的战略管理规划、是否有明确的年度计划以及预算绩效管理建设情况等。财政部门绩效科室在确定预算绩效评价的项目、政策和部门后应及时通知被评价单位进行准备。

被评价部门在第三方评价机构进场评价前要提前做好准备，以便提高预算绩效事后评价效率①。主要准备好预算审批文件、单位战略规划（五年规划）、年度计划、项目（政策、部门）工作总结、预算支出报表、财务数据、工作实施管理制度、预算绩效指标、预算绩效自评报告、可行性论证报告等。

在被确定为评价的第三方评价机构后，机构应迅速成立评价小组，拟定具体评价方案并提交给财政部门，同时罗列出所需的数据与信息资料清单发送给被评价单位，根据预算单位提供的前期材料制定评价指标体系。

二、财政支出事后绩效评价指标体系

被评价单位在收到第三方评价机构发来的资料清单后，应尽快将资料收

---

① 实践中，预算事后绩效评价中收集信息资料的时间占评价时间的比例最大，最大可达到2/3。因此，被评价单位提前做好被评价准备有利于缩短事后评价时间。

集并发送给机构。第三方评价机构在阅读完资料后，要尽快安排现场调研与座谈，然后拟出财政支出事后绩效评价指标体系，并将事后绩效评价指标体系发给财政部门。

财政部门将事后绩效评价指标体系发给被评价单位以征求意见，然后再将反馈意见发给第三方评价机构进行修改。财政部门将确定后的财政支出事后绩效评价指标体系以正式通知形式发给被评价单位。

财政支出事后绩效评价指标体系与事前绩效评价指标体系不同，应包括决策、过程、产出和效益四类一级指标。根据财政部印发的《项目支出绩效评价管理办法》，项目支出事后绩效评价指标主要包括：

1. 决策指标：项目立项、绩效目标、资金投入。其中，项目立项包括立项依据充分性、立项程序规范性；绩效目标包括绩效目标合理性、绩效目标明确性；资金投入包括预算编制科学性、资金分配合理性。

2. 过程指标：资金管理、组织实施。其中，资金管理包括资金到位率、预算执行率；组织实施包括管理制度健全性、制度执行有效性。

3. 产出指标：产出数量、产出质量、产出时效、产出成本。

4. 效益指标：实施效益和社会公众满意度。其中，实施效益包括经济效益、社会效益、生态效益、可持续性影响。

目前，财政部尚未对政策和部门支出事后绩效评价制定管理办法。政策支出事后绩效评价有其特殊性，比如政策支出往往是事后政策兑现时发生，部门在年度预算的资金安排是事后政策兑现的资金；政策事后绩效评价一般是在政策有效期结束后进行。政策在有效期内实施时有合理的目标，但并不存在明确的年度预算绩效目标。

因此，本书认为，政策事后绩效评价指标体系不能照搬项目支出事后绩效评价指标体系，其评价指标体系可设置为：

1. 决策指标：政策立项、政策目标、财力保障。其中，政策立项包括立项依据充分性、立项程序规范性、立项是否符合财政目标（效率与公平）、立项合理性（是否与其他政策重复）；政策目标是指在有效期内政策是否有明确的、合理的目标；财力保障是指当地财力是否可以支撑政策有效实施，政策实施带来的财政支出压力是否为当地财力所能承受。

2. 过程指标：政策宣传与解释、政策实施的公平性、政策申请便利性、政策兑付的及时性、政策执行的监督与管理。

3. 产出指标：政策实施成本、政策产出数量、政策产出质量。

4. 效益指标：实施效益和社会公众满意度。其中，实施效益包括经济效益、社会效益、生态效益和可持续性影响。

目前，财政部尚未出台部门支出整体绩效事后评价管理办法。本书认为，部门支出整体绩效事后评价指标可以借鉴项目支出绩效指标。但由于部门支出是综合支出，部门支出整体绩效事后评价指标体系的设计还要考虑其自身特殊性。比如绩效指标应关注部门决策的民主性、管理过程的法治性、部门战略的主要目标与主要职能等。

本书以为，部门支出整体绩效事后评价指标体系可设计如下。

1. 投入指标：投入依据的充分性和规范性、投入绩效目标、投入结构合理性。

2. 过程指标：资金管理和组织实施。资金管理包括内部控制制度、财务管理制度、绩效管理制度、成本控制措施等。组织实施包括决策的民主性、管理的法治性、其他监督管理制度等。

3. 产出指标：产出数量、产出质量和产出时效等。以部门主要目标和职能为依据来设计明细指标。

4. 效益指标：实施效益和社会公众满意度。实施效益包括经济效益、社会效益、生态效益和可持续性影响。

三、财政支出事后绩效评价流程

财政支出事后绩效评价流程起于准备工作，终于提交评价报告，大致可分为以下步骤。

1. 财政部门确定事后绩效评估对象；

2. 确定第三方评价机构；

3. 第三方评价机构拟定绩效评价方案和罗列资料清单；

4. 被评价单位提交相关资料，第三方机构现场交流、调查以及收集资料；

5. 提交事后绩效评价指标体系；

6. 财政部门将绩效评价指标体系下发给被评价单位，再将反馈意见转发给第三方评价机构；

7. 第三方机构现场再调研、收集资料，与被评价单位进行交流；

8. 撰写事后绩效评价报告初稿；

9. 提交绩效评价报告，接受被评价单位的反馈意见后再修改报告。被评价单位的反馈意见要附带举证材料；

10. 提交绩效评价报告终稿。

四、财政支出事后绩效评价报告参考格式

我国在财政支出事后绩效评价实践上积累了较多经验，但由于缺乏行业机构的统一指导，事后绩效评价报告的格式并未有统一的参考格式。2020 年财政部出台的《项目支出预算绩效评价管理办法》规定了项目支出绩效评价报告的参考格式，具体如下。

项目支出绩效评价报告

一、基本情况

（一）项目概况

包括背景、主要内容及实施情况、资金投入和使用情况等。

（二）项目绩效目标

包括总体目标和阶段性目标。

二、绩效评价工作开展情况

（一）绩效评价目的、对象和范围

（二）绩效评价原则、评价指标体系（附表说明）、评价方法、评价标准等

（三）绩效评价过程

三、综合评价情况及评价结论（附相关评分表）

......

四、绩效评价指标分析

（一）项目决策情况

（二）项目过程情况

（三）项目产出情况

（四）项目效益情况

五、主要经验及做法、存在的问题及原因分析

......

六、有关建议

......

七、其他需要说明的问题

......

本书认为，项目支出绩效评价报告的参考格式也可以作为政策和部门支出绩效评价报告的参考。

五、财政支出事后绩效评价结果应用

2018年颁布的《中共中央 国务院关于全面实施预算绩效管理的意见》规定，各级财政部门要推进绩效信息公开，重要绩效目标、绩效评价结果要与预决算草案同步报送同级人大、同步向社会主动公开，搭建社会公众参与绩效管理的途径和平台，自觉接受人大和社会各界监督。

近年来，尤其是疫情使地方财政收支矛盾问题更加突出。在此背景下，一些地方政府已经从被动做预算绩效管理到主动开展预算绩效管理工作，并从预算绩效管理中尝到"提高财政资金使用效益"的甜头，财政支出事后绩效评价的应用也从"被动"逐渐转向"主动"。财政支出事后绩效评价结果的应用主要有：要求被评价单位进行整改、作为下一年预算安排的参考依据、作为预算绩效审计的参考、向人大和社会公开以提高政府信息透明度等。

第二章

项目支出绩效管理案例与分析

　　项目支出绩效"全过程"管理包括事前绩效管理、事中绩效监督管理、事后绩效管理三个环节。目前，一些地方财政部门自觉开展项目事前绩效管理，通过事前绩效管理从前端实现"提高财政资金使用效益"的目标。项目支出的事中绩效监督管理主要是通过被评价单位提交事中自评报告和现场监督检查来实现，个别地方甚至对项目支出开展项目支出期中绩效评价，根据期中绩效评价结果进行项目支出调整。地方财政部门要求预算单位做好项目支出事后绩效自评价，选择重点项目进行外部评价。

　　根据集美大学地方财政绩效研究中心的实践经验，各个地方预算单位的项目支出事后绩效自评价的水平存在较大差异，同一地方不同预算单位项目支出事后绩效自评价的水平也是参差不齐。项目支出事后绩效自评价报告是事后绩效外部评价的重要参考资料。财政部门不仅要指导部门单位做好事后绩效自评，还要指导部门单位做好绩效事前评估。

　　本节主要以项目支出事前绩效评估和事后绩效评价为例，根据实践经验设计相关案例，并进行示范性绩效分析，以此助推我国项目预算绩效管理改革进一步深化。

第一节　项目支出事前绩效评估案例与分析

本书选择教育项目支出、垃圾处理专项支出、道路建设与维护专项资金支出、城市管理信息化建设支出来设计事前绩效评估案例，具体内容包括绩效指标体系设计、案例设计及评估报告的介绍。

一、教育项目支出事前绩效评估案例与分析

教育分学前教育、九年义务教育、高中教育、大中专教育、职业教育、特殊教育等。教育支出绩效评估分为教育专项支出和部门整体绩效评估两类。目前，地方财政事前绩效评估实践还处于探索阶段。集美大学地方财政绩效研究中心接触的教育项目支出事前绩效评估案例较少。由于教育主管部门对教育支出有较为明确、完善的考核体系，因此教育项目支出事前绩效评估指标体系设计可参考借鉴主管部门设置的考核指标体系。

（一）教育项目支出事前绩效评估指标体系设计

教育项目支出事前绩效评估指标体系由教育部门编制，主要包括决策、产出和效益 3 类一级指标。各层次的教育有共性指标和个性指标。我们认为共性指标主要应包括：

1. 项目投入决策指标。投入决策指标下设项目立项和资金投入 2 个二级指标。项目立项包括项目立项依据充分性、立项程序规范性；资金投入要体现出预算编制的科学性和资金分配的合理性。资金投入不仅要体现资金性质和金额，还要说明资金预算是否进行充分论证，是否吸收行业专家意见，资金投入是否进行成本控制等。

2. 产出指标。产出指标包括产出数量、产出质量、产出时效、产出成本。

3. 效益指标：效益指标包括经济效益、社会效益、生态效益、可持续性影响和服务对象满意度。其中，教育项目支出的经济效益可视具体情况而定，可以不设置经济效益指标，或者设置经济效益指标，但采用项目支出后比支出前节约多少项目支出来衡量。

个性化指标主要是产出指标，个性化指标的设计因项目具体情况不同而存在较大差异，比如班主任补贴经费，其产出数量指标可设置为课外辅导课时、家访次数、组织活动次数及完成各种规定任务数量等；产出质量指标可设置为校级、县市级等先进班级、优秀班主任；产出成本指标设置为单位成本（每人每月补贴）、总成本（月、年班主任补贴投入）。

比如初中物理实验室建设投入经费。其中，产出数量指标，如各种实验设备数量、实验材料数量、实验室间数、每间实验室周使用频率、实验室每周容纳多少学生使用等；产出质量指标，如实验室水平（达到省级建设标准或国家级建设标准等）等；产出成本指标，如单位成本实验室标准间建设成本等；总成本指标，如实验室建设总成本等；产出时效指标，如何时完成建设、何时投入使用等。

比如教师培训经费的产出指标。其中，产出数量指标，如举办讲座次数、安排多少教师出外培训、举办教学经验交流会场次等；产出质量指标，比如培训合格情况、讲座层次（全国教学名家、省级教学名家）、经验交流性质（国际、全国、全省或地区性质）等。产出成本指标，比如每场讲座的成本、教师培训人均成本、总成本等。

再比如校舍修缮费的产出指标。其中，产出数量指标如修缮校舍多少栋、多少间、修缮后校舍可容纳多少学生等；产出质量指标主要根据具体修缮内容和修缮标准设计；产出成本指标，如单位成本（每间成本、每栋成本等），以及总成本。

实践中，各地财政部门重点关注的是教育部门整体支出预算绩效管理而非教育项目支出预算绩效管理。当然，我们认识到项目支出预算绩效管理对整体支出预算绩效管理的基础作用，尤其是对教育重点支出进行预算绩效管理的重要性，比如基建支出。因此，接下来我们以某县教育部门的高中基建支出为例来设计预算绩效事前评估案例，并进行评估分析。

（二）教育项目支出绩效评估案例与评估流程等——某县高中基建支出

案例包括案例背景、教育项目支出绩效事前评估指标体系、流程和评估报告概要。案例背景设计为某贫困县，教育项目支出为县高中新建校园。

教育局编制高中新校园建设支出预算绩效事前评估指标体系。指标体系包括项目决策、产出和效果 3 个一级指标。其中：

1. 项目决策一级指标包括项目立项和资金投入 2 个二级指标。

项目立项指标下设立项依据充分性和程序规范性 2 个指标。其中新校园基建项目立项依据充分性指标是指此基建项目是否属于公共财政支持的范围，是否符合公共财政效率与公平目标，是否与当地政府教育文化发展战略目标定位相符等。新校园基建项目立项程序规范性是指项目立项是否经过充分论证，项目是否经过规定程序申请和获批。论证内容包括废弃旧校园、建设新校园的理由是否充足；除了要符合教育达标标准外，实际的建设标准是否超过当地经济水平和财力水平，建设是否过于"豪华"，建设规模是否合理等。

资金投入指标下设预算编制的科学性和资金分配的合理性 2 个指标。预算编制的科学性指标主要是评估新校园基建项目预算编制是否经过科学论证，是否有明确标准，是否与建设标准一致等；资金分配的合理性指标主要是评估新校园各项建设的资金分配是否有测算依据，是否与建设标准相符，是否与地方财力匹配等。

2. 项目产出一级指标包括产出数量、质量、时效和成本指标。其中，产出数量指标包括办公楼、教学楼、体育运动场馆、食堂、礼堂等具体数量；产出质量指标是指建设所要达到的标准，比如操场要达到国标标准；产出时效指标是指项目竣工并达到可投入使用标准的具体时间；产出成本指标包括单位成本和总成本。

3. 效果一级指标包括社会效益、可持续性影响和服务对象满意度指标。其中，新校园社会效益指标可从缓解县城交通压力、年培养高中生、提高县城人口文化水平等方面进行评估；可持续性影响指标主要是评估新校园的使用年限；服务对象满意度指标是评估新校园能否满足县城高中生家庭对高中教育的期待和要求。

高中新校园建设基建项目事前绩效评估流程：

1. 财政部门确定高中新校园基建项目作为事前绩效评估对象；

2. 确定评估专家或第三方机构。评估专家至少包括教育专家、预算绩效管理专家、工程造价师、人大代表。如果将事前绩效评估委托给第三方机构，财政部门应要求第三方机构的评估小组成员中要有工程造价师。

3. 拟定实施事前绩效评估方案（财政部门或第三方）；

4. 教育局提交新校园建设的相关资料给评估专家组成员或第三方机构到教育局进行现场交流、调查以及资料收集；

5. 专家现场审核材料，预算单位现场答辩；或者教育局回答第三方机构提出的问题；

6. 评估专家小组或第三方机构撰写事前评估意见或报告；

7. 提交评估意见或报告，接受教育局的反馈意见后再修改报告；

8. 确定事前绩效评价结果。

财政部门根据事前绩效评估结果要求教育部门调整预算编制。

（三）高中新校园建设项目事前绩效评估报告概要

××县高中新校园基建项目支出事前绩效评估报告

一、事前评估对象

预算绩效管理事前评估对象为某县高中新校园建设项目。新校园建设项目资金总额为××万元，其中行政办公楼建设预算为××万元，教室建设预算为××万元，礼堂建设预算为××万元，图书馆建设经费为××万元……此次事前绩效评估目标是通过专家审核相关材料，评价各个子项目预算的合理性、项目绩效目标合理性和明确性、项目资金预算的科学性、资金分配的合理性、项目规模的合理性、项目建设标准与当地财力的匹配性等。项目具体情况如下：……

二、事前评估原则、依据和方法

此次事前评估严格遵守独立、客观、公正的原则。事前绩效评估依据是《中华人民共和国预算法》、2018 年 9 月颁布的《中共中央 国务院关于全面实施预算绩效管理的意见》等文件通知。本次事前绩效评估通过翻阅文献资料、现场调研、座谈、收集相关资料、问卷调查等方法（上述各种方法根据项目复杂程度和具体需要选用）获取评估所需信息，对教育部门提供的预算和事前预算绩效目标表、自我评估报告及相关材料进行分项打分，并出具评估报告。

三、事前评估具体内容

此部分具体内容包括：高中新校园建设项目的必要性和可行性评价；对新校园建设的事前预算绩效目标合理性、规范性和明确性等进行评价；对新校园建设的资金预算科学性、资金分配合理性进行评价；对新校园建设项目的产出指标进行评价；对新校园建设项目的效果指标进行评价，等等。

四、事前评估结论和建议

（1）评估结论。

无保留意见并通过或保留意见并修改通过或不通过并建议取消。

（2）评估建议。

……

五、附件

调研座谈现场照片、教育部门的重要佐证材料、评估小组成员签名表等。

新校园基建专项的事前绩效评估中最可能发现问题的地方是立项的可行性和资金预算编制的科学性。评价专家应重点关注教育基建项目是否有可行性论证，建设规模是否超标，资金预算是否科学、合理。专家出具评估意见时还要依据《预算法》的规定，比如预算编制要与当地经济发展水平相匹配等。如果某地高中重点建设项目支出超过当地经济发展水平，那么评估报告中就要特别提出，并要求降低支出标准。财政部门根据事前绩效评估报告的意见要求教育部门调整预算编制，确保财政资金的有效使用。

二、垃圾处理专项支出事前绩效评估案例与分析

垃圾处理包括前端分类、道路清扫、厕所清洗、垃圾中转和垃圾后端处理。本书设计案例主要关注垃圾中后端处理。目前，垃圾后端处理分为大件垃圾处理、厨余垃圾处理、餐厨垃圾处理、有害垃圾处理和可回收垃圾处理等。垃圾处理专项支出事前绩效评估案例内容主要包括事前绩效评估指标体系、评估流程和评估报告。

（一）垃圾处理专项支出事前绩效评估指标体系设计

垃圾处理专项支出事前绩效评估指标体系应由城市管理局编制，并随专项预算提交给财政部门进行事前绩效评估。垃圾后端处理比较复杂，垃圾处理专项支出的事前绩效评估指标应根据不同类型垃圾处理的主要绩效指标编制预算绩效评估指标体系。事前绩效评估指标体系主要包括决策、产出和效果三个一级指标体系。

1. 垃圾处理专项支出的决策指标下设项目立项和资金投入2个二级指标。项目立项指标下设立项充分性和立项程序规范性2个三级指标。其中，立项充分性指标主要用于评估垃圾处理专项支出是否符合行业职责范围，是否属于公共财政支持范围（随着经济社会发展、垃圾处理技术提高，一些垃圾处理可以带来更大经济利益，公共财政也逐渐退出这些盈利性较大的垃圾处理领域）；立项程序规范性指标主要是评估项目是否经过可行性研究、专家论证和风险评估（比如垃圾中转，每吨垃圾的单位运输成本是否经过测算，每吨垃圾焚烧的财政补贴是否在核算焚烧发电成本效益后进行确定。垃圾处理的污染排放采用什么标准，污染排放如何监测等）。资金投入指标主要说明垃圾处理专项资金预算的依据是否科学合理，资金分配是否得当。

2. 垃圾处理专项支出的产出指标下设产出数量、产出质量、产出时效和产出成本4个二级指标。垃圾处理专项的产出数量指标可设置如下三级指标：垃圾运输能力（年运输垃圾吨数）；垃圾焚烧能力（年垃圾焚烧吨数）；

有害垃圾处理能力（年收运和处理有害垃圾量）；餐厨垃圾处理能力（年收运和处置量）；厨余垃圾处理能力（年收运和处置量）；大件垃圾处理能力（年收运和处理量）；可回收垃圾处理能力（年收运和处理量）等。垃圾处理专项的产出质量指标可设置如下三级指标：垃圾焚烧物的排放标准（根据国家标准再下设四级指标）；垃圾渗滤液的处理标准等。垃圾处理专项的产出时效指标主要涉及的是垃圾中转的时间规定。垃圾处理专项的产出成本指按垃圾类型计算每单位垃圾处理的财政费用。如：每单位垃圾焚烧费用；每单位垃圾填埋费用；每单位大件垃圾处理费用；每单位厨余垃圾处理费用；每单位餐厨垃圾处理费用等。

3. 垃圾处理专项的效果指标包括经济效益指标、环保效益指标、服务对象满意度指标。经济效益指标主要评估各类垃圾处理产生的经济效益，比如垃圾焚烧产生的发电量和电价收入。环保效益指标主要评估目前垃圾处理费用水平是否可以较好地保护环境，主要通过污染排放物的达标标准、环境保护部门检查结果或者表彰等来佐证。服务对象满意度指标，比如市民对垃圾处理的满意度达到90%以上，也可以通过市民投诉率及投诉处理及时率来评估。

（二）垃圾处理专项支出事前绩效评估案例与评估流程等

某市城市管理局编制并随预算提交给财政部门20××年垃圾处理专项支出事前绩效评估指标体系。垃圾处理是较为复杂的事项，其财政支出专项事前绩效评估不适宜采用专家案头评估的方式，应委托第三方机构进行现场调研、座谈、收集资料，给出评估意见。财政部门委托第三方机构进行事前绩效评估。因事前绩效评估意见要提交给财政部门做预算审核参考，事前绩效评估的时间很有限，所以第三方机构在接到财政部门委托后要尽快拟出工作方案并进行具体评估。

第三方机构具体工作方案如下：

1. 与财政部门签订委托协议；

2. 翻阅预算及事前预算绩效评估指标体系，拟定所需资料发给被评估单位；

3. 进场调研和座谈，收集资料；

4. 撰写事前绩效评估报告初稿；

5. 提交初稿；

6. 根据城市管理局反馈意见修改评估报告；

7. 定稿。

具体评估流程如下：

1. 财政部门选定垃圾处理专项作为事前绩效评估对象；

2. 按程序选定第三方机构作为评估方；

3. 第三方机构拟定工作方案并进场开展评估；

4. 第三方机构提交评估报告给财政部门；

5. 城市管理局对评估报告提出反馈意见，并提交佐证；

6. 第三方机构根据确实的证据修改评估报告；

7. 财政部门要求城市管理局根据评估报告意见再调整预算编制。

（三）垃圾处理专项支出事前绩效评估报告概要

××市垃圾处理专项支出事前绩效评估报告

一、事前评估对象

预算绩效管理事前评估对象为某市垃圾处理专项支出。此次事前绩效评估目标是通过第三方机构到现场调研、座谈、收集并阅读相关材料，评价垃圾处理专项项目绩效目标合理性和明确性、项目资金预算的科学性、资金分配的合理性、单位成本的合理性以及成本控制措施等。项目具体情况如下：项目具体包括垃圾转运站费用、垃圾处理厂费用和生活垃圾处理费。其中，垃圾转运站费用××万元；垃圾处理厂费用和生活垃圾处理费××万元……

二、事前评估原则、依据和方法

此次事前评估严格遵守独立、客观、公正的原则。事前绩效评估依据是《预算法》、2018 年 9 月颁布的《中共中央 国务院关于全面实施预算绩效管理的意见》等文件通知。本次事前绩效评估通过现场调研、座谈、收集相关资料的方式获取评估所需信息，对垃圾处理专项的预算及事前预算绩效目标、自我评估报告及相关材料进行分项打分，并出具评估报告。

三、事前评估具体内容

此部分具体内容包括：对垃圾处理专项事前预算绩效目标合理性、规范性和明确性等进行评价；对垃圾处理专项的产出指标、效果指标进行评价；对垃圾处理专项的资金预算编制科学性、资金分配合理性进行评价；对垃圾处理专项的单位成本费用和成本控制措施情况进行评价，等等。

四、事前评估结论和建议

（1）评估结论。

无保留意见并通过或保留意见并修改通过。

（2）评估建议。

……

五、附件

调研座谈现场照片、城市管理局的重要佐证材料、评估小组成员签名表等。

垃圾处理专项支出绩效评估主要关注点在于是否进行成本测算，比如垃圾中转的单位成本是否准确测算；垃圾焚烧每单位财政补助费用的确定是否基于单位焚烧成本和发电效益精确核算，以及是否考虑其他城市财政补助标准等；餐余垃圾和厨余垃圾的处理是否基于处理厂准确的成本核算，是否有完善的成本控制制度等；垃圾处理专项支出的事前绩效评估指标是否明确、合理，指标标准是否清晰准确；产出指标、效果指标是否完整、完善、准确。财政部门根据事前预算绩效评估报告的意见要求城市管理局调整预算编制。

三、道路建设与维护专项资金事前绩效评估案例与分析

道路建设与维护专项资金是属于一般公共财政的基础设施投入。这里主要探讨道路建设与维护专项资金的事前绩效评估指标体系设计、评估流程和

事前绩效评估报告的概要等。

（一）道路建设与维护专项资金事前绩效评估指标体系设计

道路建设与维护专项资金的事前绩效评估指标体系包括项目决策、项目产出、项目效果 3 个一级指标。

1. 项目决策一级指标。项目决策指标下设项目立项和财力保障 2 个二级指标。其中，项目立项指标下设项目充分性和立项程序规范性 2 个三级指标。财力保障指标主要是衡量当地财力是否能给予道路建设与维护相应的支持。

2. 项目产出一级指标。项目产出指标包括产出数量、质量、时效和成本。其中，项目产出数量指标包括道路建设长度、道路大中修与改造里程、道路日常养护里程。项目产出质量指标包括道路建设与改造验收合格率、道路完好率等；项目产出的时效指标包括道路建设、大中修、改造的计划验收时间和完成时间；项目产出的成本指标是指道路建设的单位成本、大中修每单位投入费用、日常维护的每单位投入费用等。

3. 项目效果一级指标。项目效果指标下设经济效益、社会效益、生态效益、可持续性影响和服务对象满意度 5 个二级指标。其中，经济效益指标考核道路建设前后、维修前后节约多少交通时间或减少多少交通事故；社会效益考察道路建设过程中产生多少就业机会，建成后方便多少人口出行等；生态效益考察道路建设前后是否破坏绿化；可持续性影响主要考察道路可持续使用年限；服务对象满意度主要考察当地居民和道路使用者——司机对道路的满意程度（可通过问卷调查）。

（二）道路建设与维护专项经费事前绩效评估案例与流程等

某县某镇 20×7 年度道路建设与维护专项资金主要用于国省干线联五线××段（××县界至××）公路工程、县道××线××山矿区道路修复工程项目及其他附属工程项目的建设与维护。项目事前绩效评估可以采用案头评估的方式，具体事前评估流程如下：

1. 财政部门确定要进行道路建设与维护事前绩效评估的单位；

2. 选择和确定评估专家，专家组成员包括预算绩效管理专家、工程造价师、县人大代表等；

3. 将项目材料发给专家审阅；

4. 组织现场答辩会；

5. 专家根据被评估单位提交的补充佐证材料做出评估意见；

6. 财政部门根据专家评估意见要求被评估单位做出预算调整。

（三）道路建设与维护专项经费事前绩效评估报告概要

某县某镇20××年道路建设与维护专项经费事前绩效评估报告

一、事前评估对象

预算绩效管理事前评估对象为某县某镇20××年道路建设与维护专项经费。此次事前绩效评估目标是通过专家案头审阅材料与现场答辩对道路建设与维护专项支出的必要性和成本合理性进行评估，通过评估提高道路建设与维护专项经费预算的绩效目标的合理性和明确性。

二、事前评估原则、依据和方法

此次事前评估严格遵守独立、客观、公正的原则。事前绩效评估依据是《预算法》、2018年9月颁布的《中共中央 国务院关于全面实施预算绩效管理的意见》等文件通知。本次事前绩效评估通过组织预算绩效管理专家、工程造价师、人大代表等专家审阅专项资料，组织专家和被评估单位进行现场答辩，被评估单位提交补充佐证材料，专家打分并出具评估报告。

三、事前评估具体内容

此部分具体内容包括：对道路建设与维护专项的事前预算绩效目标合理性、规范性和明确性等进行总体评价；对道路建设与维护专项的产出指标、效果指标进行分项评价；对道路建设与维护专项实施的财力保障能力进行评估；对道路建设与维护专项预算的合理性、科学性进行评估，对工程成本合理性进行评估等。

四、事前评估结论和建议

（1）评估结论。

无保留意见并通过或保留意见并修改通过。

（2）评估建议。

……

五、附件

被评估单位提交的佐证材料、评估专家打分表和签名表等。

道路建设与维护专项的事前绩效评估主要关注建设与维护成本概算是否合理、道路建设项目是否属于急需项目、总投入是否与当地财力相匹配等。被评估单位对专家提出的质疑要提交足够证据给予答复，财政部门根据专家评估意见要求被评估单位调整预算。

四、城市管理信息化建设项目事前绩效评估案例与分析

随着科技的发展，城市实现信息化管理逐渐成为可能。城市信息化管理广泛涉及市政、交通、医疗、教育、应急、地下管网安全、环保、治安、社区、养老等各个领域。从宏观角度看，城市信息化管理建设将极大提高管理效率，信息化建设是很有必要的。从微观视角看，每个城市的财力存在较大差异，信息化建设应根据财力和城市管理的主要矛盾安排建设支出结构。城市管理信息化建设项目事前绩效评估案例包括事前绩效评估指标体系、案例背景、评估流程和评估报告概要。

（一）城市管理信息化建设项目事前绩效评估指标体系设计

城市管理信息化建设项目的事前绩效评估指标体系由大数据局（或者数字信息建设办公室）负责编制，并随预算提交财政部门进行审批。每个城市的信息化建设项目具体包含子项目存在较大差异，必须根据每个城市具体情况设计信息化建设项目事前绩效评估指标体系。因此，本书侧重于城市管理信息化建设项目的共性指标设计。城市管理信息化建设项目事前绩效评估指

标体系应包括项目投入决策、产出和效果3个一级指标。

1. 项目投入决策指标下设项目立项和资金投入2个二级指标。项目立项指标下设立项充分性和立项程序规范性2个三级指标。立项充分性指标包含立项政策依据和立项财政依据。立项政策依据是指项目支出是否符合国家政策和大政方针；立项财政依据是指信息化建设是否符合公共财政支出范畴，是否符合公共财政效率和公平的目标，是否与当地财力相匹配等。立项程序规范性是指信息化建设项目是否进行可行性调研，是否请专家对项目预算进行专业论证，是否按照正常申请程序经过审批等。

资金投入指标下设资金预算编制科学性和资金分配的合理性2个三级指标。资金预算编制科学性主要考核信息化建设各项支出是否经过市场调研和专家论证；资金分配的合理性主要考核信息化建设各项支出是否对各个子项目按重要性进行排序，根据轻重缓急进行资金配置。

2. 产出指标下设产出数量、质量、时效和成本指标。因各地城市治理信息化建设项目差异较大，信息化产出数量个性化指标差异较大，一般根据子项目数量设置即可，比如公共基础数据库建设、智慧交通、智慧市政、智慧医疗等；产出质量指标主要考核子项目建设要达到什么样的使用标准；产出时效指标是指承诺在预定时间完成建设并达到投入使用标准；产出成本是指各个子项目投入和总投入情况。

3. 效果指标下设经济效益、社会效益、可持续性影响和服务对象满意度。城市管理信息化建设的经济效益可从节约成本角度考核，比如信息化建设缩短办事时间、节约纸质资料打印等；社会效益比如方便民众生活、工作和教育、文化、医疗等；可持续性影响主要考核子项目可持续作用多久。服务对象满意度考核信息化项目所服务对象对项目服务的满意度，可用系统故障率、投诉率及投诉处理及时率等指标值衡量。

(二) 城市管理信息化建设项目事前绩效评估案例设计与流程等

某县20××年的信息化建设预算为××万元，信息化项目涉及信息基础设施建设、政务管理、民生服务三部分。其中，信息基础设施建设包括软硬件设施投入和公共数据库建设；政务管理包括智慧市政、智慧交通、智慧规划、智慧社区、智慧应急、智慧环保等；民生服务包括智慧教育、智慧社区、智慧医疗等。

此项目事前绩效评估可采用专家案头审核评估。城市管理信息化建设项目评估具体流程如下：

1. 财政部门确定信息化建设项目进行事前绩效评估；

2. 政府数字化办公室准备相关材料并提交给财政部门；

3. 财政部门组建评价专家小组，确定评价时间和地点；

4. 财政部门将资料寄送给各位专家；

5. 专家集中审核并提问，数字信息化建设办公室现场回答质询，出具佐证或事后补充佐证；

6. 专家撰写评估报告，提出评估意见；

7. 财政部门根据评估意见要求数字办调整预算编制。

（三）城市管理信息化建设项目事前绩效评估报告概要

城市管理信息化建设项目事前绩效评估报告

一、事前绩效评估对象

预算绩效管理事前评估对象为某县20××年信息化建设项目。此次事前绩效评估目标是通过专家阅读和评审数字化信息建设办公室提交的20××年信息化建设预算、预算绩效目标表及相关论证材料等，评估20××年信息化建设项目预算编制的科学性、合理性，评估信息化建设项目预算绩效目标表的明确性和合理性，并给出进一步修改的意见和建议；

二、事前绩效评估原则、依据和方法

此次事前评估严格遵守独立、客观、公正的原则。事前绩效评估依据是《预算法》、2018年9月颁布的《中共中央 国务院关于全面实施预算绩效管理的意见》等文件通知。本次事前绩效评估通过专家案头阅读、审核相关材料和现场质询的方式就20××年信息化建设项目预算和预算绩效目标表给予

评估意见。

三、事前绩效评估具体内容

此部分具体内容包括：信息化建设项目事前预算绩效目标合理性、规范性和明确性评估；信息化建设项目预算编制的科学性和合理性评估。

四、事前绩效评估结论和建议

（1）评估结论。

无保留意见并通过或保留意见并修改通过或不通过并建议取消。

（2）评估建议。

……

五、附件

质询现场照片、数字信息化建设办公室提交的佐证材料、评估小组成员签名表等。

城市管理信息化建设项目事前预算绩效评估中往往容易发现以下两个问题：一是预算编制不科学，缺乏对市场进行充分调研和论证。信息化建设涉及的软件和工程建设技术是瞬息万变的，做信息化建设项目预算时必须对当下市场有足够的了解，并对技术未来和技术产品价格做相应变化预期。预算的编制必须是以专家论证后的方案为依据，还得区分市场调研和可行性论证的项目概算与项目预算（因为信息技术产品市场价格变化大）；二是信息化建设项目预算绩效目标表不规范、不明确、不合理。预算绩效目标编制未按照要求设置决策指标、产出指标和效果指标，尤其是产出指标不完整、不系统。产出数量指标标准和目标值设置过于随意，出现不准确、标准过低等问题。效果指标设置大都采用非量化指标。事前绩效评估专家着重要针对这些问题提出意见建议。

第二节　项目支出事后绩效评价案例与分析

项目支出事后绩效评价案例与分析部分以本中心实践案例为背景，经加工设计后分别介绍案例和流程、事后绩效评价指标体系设计、事后绩效评价报告概要等内容。

一、城市教育费附加专项支出事后绩效评价案例与分析

城市教育费附加是以增值税和消费税为计算依据、按一定比率征收的用于发展地方教育的财政资金。城市教育费附加的投入范围广泛，为此，其专项支出的事后绩效评价指标只能在具体案例场景中才能设计。

（一）城市教育费附加专项支出事后绩效评价案例概况和流程

某县 20×× 年的城市教育费附加为 ×× 万元，主要用于职业教育投入、校园文化建设、标准化考点建设、少年宫建设、教育信息化建设、义务教育管理标准化学校建设与评估、中小学教学设施的补充和完善等。其中：

1. 职业教育投入用于扶持 ×× 职校的持续发展，改善学校硬件，支付聘请教师的工资，减免困难学生学费等，缓解学校困难，让学校正常有序发展。

2. 校园文化建设投入主要是为了加强校园文化建设规划，健全长效机制，逐步推进；大力改善校园环境，营造良好的育人氛围。

3. 标准化考点建设支出是建设标准化中考考点、普通高中学业水平考试考点、中职学校学业水平考试考点的投入。

4. 少年宫建设支出是用于少年宫建设和活动的经费。

5. 教育信息化建设支出是为了实现"校校通"而与电信合作的教科网建设经费。

6. 义务教育管理标准化学校建设与评估支出是为适应教育改革发展新形势，促进义务教育学校依法办学和教育科学管理，推进教育公平，提高教育质量，促进区域义务教育优质均衡发展的财政投入。

7. 中小学教学设施的补充与完善支出主要用于中小学教学设施、设备购买以及某小学操场建设。

项目事后绩效评价的具体流程如下：

1. 财政部门确定评估项目后进入招投标程序；

2. 用招投标的形式确定评价机构；

3. 评价机构拟定评价方案和绩效评价指标体系；

4. 财政部门给被评价部门下发评价通知和绩效评价指标体系；

5. 评价机构入场座谈、收集资料；

6. 撰写评价报告；

7. 提交评价报告给财政部门，财政部门转发给被评价单位；

8. 被评价单位反馈意见并举证；

9. 评价机构根据反馈意见修改报告，再提交、再反馈、再修改；

10. 定稿。

项目评价流程在实施过程中可能需要注意现实存在的问题，比如第3步——评价机构拟定评价方案和绩效评价指标体系。实际上，评价机构需要较多时间收集和阅读项目相关资料才能设计出合理的绩效评价指标体系。但财政部门往往希望绩效评价指标体系能尽早以通知的形式下发给被评价单位。本书建议，绩效评价指标体系可在第5步完成后形成，并由财政部门下发给被评价部门。

（二）城市教育费附加专项事后绩效评价指标体系设计

城市教育费附加专项并非简单的某类教育项目，而是很多教育项目的集合。其事后绩效评价指标体系要集中所包含的各类教育项目的主要产出的质量、数量、时效和成本指标。如果各类教育项目的产出不复杂，事后绩效评价指标体系可将所有项目的产出都包括在内。如果项目的产出复杂，事后绩效评价指标体系可以资金占用率为依据选择主要产出指标。依照财政部2020年发布的《项目支出绩效评价管理办法》，本书根据以上案例设计事后绩效评价指标体系如下：

1. 项目决策指标。项目决策指标下设项目立项、绩效目标和资金投入3个二级指标。其中：项目立项指标下设立项充分性、程序性和规范性3个三级指标。立项充分性要考核专项支出是否符合国家、地方政府相关政策法规，是否是公共财政支出范畴，是否具有效率和公平等；立项程序性和规范性是考核专项支出是否经过法定程序审核、批准，是否经过可行性论证和成本测算（比如教科网建设和操场建设）。

绩效目标指标下设绩效目标合理性和明确性 2 个三级指标。绩效目标合理性主要考察城市教育费附加专项支出事前绩效目标是否与计划目标一致，绩效目标目标值是否与支出规模一致，指标和指标标准设置是否有充分依据等；绩效目标明确性主要考核事前绩效目标是否清晰、细化、可衡量等。

资金投入指标下设预算编制科学性和资金分配合理性 2 个三级指标。预算编制科学性主要考核预算编制是否有明确、合理的支出标准，一些子项目支出是否有可行性论证和成本测算（比如本项目中的教育信息化建设子项目，事前要有可行性论证、成本测算以及专家论证意见）作为预算编制依据；资金分配的合理性是指项目资金在各个子项目间的分配是否合理、是否突出重点，支出规模是否与子项目的目标保持一致等。

2. 项目过程指标。按照财政部 2020 年发布的《项目支出绩效评价管理办法》，项目过程指标可考虑下设资金管理和组织实施 2 个二级指标；其中资金管理指标下设资金到位、预算执行率和资金使用合规性 3 个三级指标；组织实施指标下设管理制度健全性和制度执行有效性 2 个三级指标。

笔者认为，在资金管理指标下，除了资金到位、预算执行率和资金使用合规性 3 个指标外，还可设置成本控制。成本控制指标主要考察项目资金使用过程是否有成本控制意识、控制措施。此外，预算执行率指标的使用要合理，不要机械教条。设置预算执行率的过程指标是因为，我国预算还处于以"控制型预算"为主的阶段，尚未进入"结果导向预算"时期，预算执行进度和执行率还是财政监督的重要事项。然而，现实情况十分复杂，如果一味强调预算执行率的话，结果可能是适得其反，比如相关部门在第四季度对某项目进行监督检查，结果发现项目可能存在质量问题，项目质量需要进一步评估。项目所在的预算单位出于谨慎性考虑决定延迟支付项目款项，这种情况下，责任在施工单位，此时项目事后评价不应过于重视预算执行率高低。

组织实施指标下的管理制度健全性指标包括各方面的制度是否完备，比如政府采购制度、内部控制、内部监督检查制度等。制度执行有效性主要考核项目执行是否合规、合法，是否及时有效等，比如是否按时组织进行项目执行进度和质量的检查，发现问题是否及时处理等。

3. 项目产出指标。项目产出指标包括数量、质量、时效和成本 4 个三级指标。本项目产出数量指标，比如标准化考点建设数、教科网覆盖率、校园文化示范点建设数、教学楼和教学设施数量等。项目产出的质量指标，比如教学楼和教学设施是否达到可使用状态。项目产出的时效，比如标准化考点的完成率、教科网建设完成率、教学楼和教学设施的实际进度等。项目的成本，比如每个标准化考点建设成本、教科网光纤铺设的单位成本等。

4. 项目的效果指标。项目效果指标下设经济效益、社会效益、可持续性影响和服务对象满意度 4 个三级指标。教育项目支出的经济效益一般是间接的，不易估算出来。对本项目的事后绩效评价，如果非要设置经济效益指标，笔者认为可以设置成本节约指标加以衡量。比如教学楼和教学设施的建设，预算单位是如何采取措施节约成本、节约了多少成本。本项目的社会效益是衡量各个子项目使多少学生受益。可持续性影响指标主要考量各个子项目可持续作用多久。服务对象满意度指标，可通过项目是否解决原有学生或学生家长的各种不满、投诉，或者提高升学率等加以衡量。

（三）城市教育费附加专项支出事后绩效评价报告概要

根据 2020 年财政部发布的《项目支出绩效评价管理办法》提供的参考格式，笔者认为项目事后绩效评价报告的框架包括基本情况、绩效评价工作开展情况、绩效评价的指标情况、综合评价结论、存在的问题和建议、其他情况和附件。

城市教育费附加专项支出事后绩效评价报告

一、项目基本情况

（一）项目情况

教育经费投入是教育事业发展的物质保障，是属于公共财政的重要职能，城市教育费附加是地方教育经费的重要补充来源，是为了改善中小学办学条件、补充完善学校教育教学设施和加快地方教育事业发展而征收的一种教育专项资金。20××年，××县政府根据全区教育事业发展规划和需要，计划安排城教专项资金××万元，专项用于改善中小学校教育设施和办学条件，完成标准化建设，发展本区职业教育等。其中：

1. 职业教育投入用于扶持××职校的持续发展，改善学校硬件，支付聘请教师的工资，减免困难学生学费等方面，缓解学校困难，让学校正常有序发展。20××年度此项财政拨付为××万元。

2. 校园文化建设。为进一步贯彻落实省委教育工委、省教育厅《关于加强全省中小学校园文化建设的意见》精神，××县提升中小学校园文化建设水平，树立文化兴校、文化育人的理念，20××年××县在城教专项中拨付××万元用于校园文化建设。

3. 标准化考点建设。根据省教育厅的要求，20××年全省中考、普通高中学业水平考试、中职学校学业水平考试所有考试必须安排在标准化考点进行。为了达到中考考点、普通高中学业水平考试考点、中职学校学业水平考试考点以及相关试卷保密室巡视监控系统全覆盖，20××年××县在城教专项中拨付××万元用于标准化考点建设。

4. 学校少年宫建设。为贯彻落实2016年全国、全省文明办主任会议精神和《关于开展城市学校少年宫项目建设的通知》有关要求，实现"十三五"期间××市城市学校少年宫建设全覆盖，20××年××县从城教专项中拨付××万元用于学校少年宫建设和活动经费。

5. 教科网光纤建设。为推进落实《国家中长期教育改革和发展规划纲要（2010—2020年）》关于教育信息化的总体部署和《教育信息化十年发展规划（2012—2020年）》，××县教育局与电信签署教科网专线接入及教育信息化合作协议，全面推进"校校通"建设。20××年××县从城教专项中拨付××万元用于教科网光纤建设。

6. 为民办实事项目。根据相关要求，××县建设实验小学地下停车场××平方米及地上硅PU灯光篮球场，20××年××县从城教专项拨付××万元用于该项目建设。

7. 中小学教学设施的补充和完善。20××年××县从城教专项拨付××万元用于学校教学设施的补充和完善。

（二）项目绩效目标

1. 项目总体绩效目标。围绕加快创建"教育强县"目标，采取以下措施：（1）推动各类教育协调发展。全面发展学前教育，大力促进教育公平，逐步缩小城乡、校际差距，实现义务教育优质均衡发展，健全学生资助政策体系，加快发展现代职业教育，深化产教融合、校企合作，提升职业教育服务区域经济社会发展能力。（2）优化教育办学资源。实施中小学扩容工程和薄弱校改造工程，实施校安工程，实施基础教育优质资源扩容工程。（3）全面实施素质教育。坚持德育为先、能力为重、全面发展，以深化课程改革为重点，加强德育建设，促进学生德智体美劳全面发展，着力提高学生服务国家人民的社会责任感、勇于探索的创新精神和善于解决问题的实践能力。以市创建"全国中小学劳动教育实验单位"为契机，推进县青少年学生校外活动中心建设。探索行之有效的学校评估办法体系。（4）推动教育信息化。建设数字校园、智慧校园、平安校园，深入推进"三通两平台"的建设和应用，实现全县中小学师生"网络学习空间人人通"，教育管理信息化水平显著提高；建成以云计算为基础的教育大数据、大平台，构建网络化、数字化、个性化、终身化的教育体系。（5）深化教师队伍建设。创新性落实教师编制，解决农村教师编制相对不足、结构性短缺问题。健全完善教师师德建设、培养培训、绩效奖励、激励表彰等机制。

2. 项目年度绩效目标。20××年预计完成××所中心小学和××所中学的校义务教育管理标准化建设与评估；××间标准化考点的建设；实现中考考点、普通高中学业水平考试考点、中职学校学业水平考试考点以及相关试卷保密室巡视监控系统的全覆盖；继续建设××个校园文化点，改善中小学教育设施和办学条件，促进县职业教育发展，同时完成应由教育局负责承建的县20××年为民办实事项目：县实验小学校运动场建设、县实验小学地下停车场及地上硅 PU 灯光篮球场建设、义务教育管理标准化学校建设与评估。

二、绩效评价工作开展情况

（一）绩效评价目的

本项目绩效事后评价目的是通过梳理 20××年城市教育费附加专项的支出情况，根据绩效评价指标体系考核、分析财政资金的决策、过程管理、产出和效果，为以后提高城市教育费附加的使用效益提出合理建议。

（二）绩效评价原则、评价方法

本次绩效评价遵循重要性、可比性、公平、客观和公正原则。评价分析与结论是基于被评价单位提供的相关数据、资料以及评价机构收集所得的客观资料信息。

本次绩效评价采用绩效指标评价法，通过实地座谈、现场调研、电话访谈等方式了解项目实际情况和收集信息资料。

三、绩效评价指标分析

（一）项目决策情况

（二）项目过程情况

（三）项目产出情况

（四）项目效益情况

四、综合评价结论

……

五、项目绩效存在的问题与建议

……

六、其他情况及附件

……

本项目属于多子项目综合的项目，在事后绩效评价指标体系设计上要注意抓住各个子项目的关键指标。评价过程中发现的问题可能有：缺乏明确的支出标准，缺乏项目论证和成本测算，缺乏明确与合理的事前绩效目标，缺乏项目事中监督（尤其是建设项目的进度跟踪和质量监督等），缺乏项目验收缺乏标准等。

二、××市海丝申遗专项支出事后绩效评价案例与分析

按照"一带一路"倡议要求，××市是"海丝"申遗九城市中牵头的城市，1992年联合国教科文组织确定××市为"海丝"的起点城市。2016年4月，国家文物局确定由××市牵头广州、宁波、南京等城市，全力推动"海丝"申报世界文化遗产。因此，××市、县两级政府均将"海丝"保护和申遗经费列入本级财政预算，加大投入，确保"海上丝绸之路"史迹的申遗文本及规划编制、修缮保护、环境整治、宣传展示等工作需要。

笔者就此案例简单介绍项目基本情况、事后绩效评价指标体系设计、评价流程以及评价报告概要。

（一）××市"海丝"申遗专项支出事后绩效评价案例概况和流程

本项目立项依据为国家文物局发布的《关于加快推进海上丝绸之路保护和申遗工作的函》、××市"海丝"申报世界文化遗产工作小组发布的《关于印发〈××市海上丝绸之路保护和申报世界文化遗产工作方案〉的通知》。××市列入海丝申遗的首批遗产点有××个。作为海丝申遗牵头城市，××市要负责的总体工作包括××大项：城市联盟工作、管理协调工作、标志系统建设、专项保护管理办法、申遗宣传片拍摄、公布实施管理规划、展示总中心及××市节点片区分中心建设、迎接国际专家检查工作、宣传工作。各遗产点统一的工作任务有5大项，包括监测工作、基础数据库、制度建设、补充资料、保护展示整治工程。20××年，该项目共计收到海丝申遗专项资金××万元，共计支出××万元，用于××市海上丝绸之路保护和申遗工作。

项目事后绩效评价的流程具体如下：

1. 财政部门确定评估项目后进入招投标程序；

2. 以招投标的方式确定评价机构；

3. 评价机构拟定评价方案和绩效评价指标体系；

4. 财政部门给被评价部门下发评价通知和绩效评价指标体系；

5. 评价机构入场座谈、收集资料；

6. 撰写评价报告；

7. 提交评价报告给财政部门，财政部门转发给被评价单位；

8. 被评价单位反馈意见并举证；

9. 评价机构根据反馈意见修改报告，再提交、再反馈、再修改；

10. 定稿。

实践中，财政部门或预算单位面临招投标程序与选择优质第三方机构的困难。目前，预算绩效管理改革在很多方面尚属于探索阶段，大多数会计师事务所在这方面的知识储备和专业人才较为匮乏，而一些经济院校则不存在这方面问题。按照规定，在项目金额达到一定标准时，财政部门或预算单位必须走招投标程序，不能用指定方式确定评价机构。因此，财政部门或预算单位经常会面临选择优质第三方机构的困难。尤其是县级财政部门或预算单位，由于经费有限，采用招投标方式更难选到优质的第三方机构。笔者认为，招投标时不能以最低价为定标的主要评判标准，还要考虑专业背景、专业经验、专业团队实力和影响力。如此，招投标工作才能既遵守了公正、公开、公平原则，又能选择到优质第三方机构。至于县级财政部门和预算单位面临的困境，笔者认为，短期内财政部门可以选择几个重点项目进行招投标，以较高标底选择优质第三方机构；长期来看，财政部门要鼓励和培育本地市场第三方机构成长。

（二）××市海丝申遗专项支出事后绩效评价指标体系设计

本项目的经费支出主要用于海丝申遗文本、申遗宣传片制作，海丝遗产点修缮，海丝展示总中心和分中心建设，海丝监测体系（一期和二期）建设，海丝标识系统设计和生产安装等。本项目事后绩效评价指标体系设计主要根据财政部 2020 年发布的《项目支出绩效评价管理办法》要求，将指标体系分为项目投入、项目过程、项目产出和项目效果 4 个一级指标。

1. 项目投入指标。项目投入指标下设项目立项、项目绩效目标、资金投入 3 个二级指标。其中：项目立项指标下设项目充分性和合规性 2 个三级指标。海丝申遗专项立项是以国家专门政策为依据，是市场失灵领域，属于公共财政支出范畴。因此，项目立项充分性是有保障的。而项目立项也是按照程序进行，因此合规性也有保障。

项目绩效目标下设绩效目标明确性和合理性 2 个三级指标。绩效目标明确性是指各个子项目是否有明确的绩效指标、指标标准值和目标值等。绩效目标合理性是考核项目绩效指标是否反映出项目的主要任务指标，指标值和目标值设置是否合理等。

资金投入指标下设资金预算编制和资金分配 2 个三级指标。资金预算编制主要考核预算编制的科学性，主要关注预算编制是否有明确、合理的预算支出标准，是否有成本测算等。资金分配的合理性是考核资金分配与任务是否匹配一致。

2. 项目过程指标。项目过程指标下设资金管理和组织实施 2 个二级指标；其中资金管理指标下设资金到位、预算执行率和资金使用合规性 3 个三级指标；组织实施指标下设管理制度健全性和制度执行有效性 2 个三级指标。其中，组织实施指标的制度执行要关注子项目是否按规定进行政府采购，比如宣传片的制作。

3. 项目产出指标。项目产出指标下设数量、质量、时效和成本 4 个二级指标。产出数量指标，比如申遗文本的册数、宣传片的时长、修缮海丝遗产点几处等。产出质量指标，比如申遗文本质量是否达标、宣传片是否达标、修缮遗产点是否经专家验收等。产出时效指标，比如各子项目是否按时完成，或者完工率是否达到 100%。产出成本指标，比如每本申遗文本的成本、每个修缮点的投入等。总之，产出指标和指标值的设置要体现项目主要任务和任务完成标准。

4. 项目效果指标。项目效果指标包括社会效益、可持续性影响和服务对象满意度3个二级指标。海丝申遗专项支出的社会效益包括社会声誉（可通过各级媒体报道和各级荣誉获得等考核）、人们对文物的保护意识和参与保护自觉性的提高（主要通过问卷调查）、参观文物或博物馆的人数等。项目的可持续性影响主要考量在保障日常维护情况下各个遗产点监测系统的运营时限。服务对象满意度可通过调查问卷获得相应评价结论。

（三）××市海丝申遗专项支出事后绩效评价报告概要

项目事后绩效评价报告的框架包括基本情况、绩效评价工作开展情况、绩效评价的指标情况、综合评价结论、存在的问题和建议、其他情况和附件。本项目事后绩效评价报告概要如下。

××市海丝申遗专项支出事后绩效评价报告

一、项目基本概况

（一）项目概况

（二）项目绩效目标

二、绩效评价工作开展情况

（一）绩效评价的目的

本次事后绩效评价是通过实地调研、座谈、收集和整理资料的方式，采用指标法进行评价，旨在考核海丝申遗专项资金的使用是否规范、合法，是否按预定目标完成任务，是否存在资金浪费或无效的现象，促进财政资金使用效益不断提升。

（二）绩效评价原则和方法等

本次评价遵守重要性、相关性、系统性以及公平、公正和公开原则。此次评价采用指标法。评价标准采用预算标准、历史标准、行业标准等。

三、绩效评价指标分析

（一）项目决策情况

（二）项目过程情况

（三）项目产出情况

（四）项目效益情况

四、综合评价结论

......

五、项目绩效存在的问题与建议

（一）项目绩效存在的问题

本次评价发现的问题有：绩效目标设置不合理、财务管理制度不健全、经费实际利用率低、专业人才匮乏等。具体如下：

1. 绩效目标设置合理。有的绩效指标未能量化，有的绩效指标不够准确。

2. 财务管理制度不健全。由于海丝申遗项目才刚启动，尚处于"摸着石头过河"的阶段，文化广电新闻出版局、申遗办公室对海丝申遗项目经费的使用还没有建立专门的财务制度，相关内部控制制度也有待建立、健全；对资金的使用基本处于按需申请经费并使用的状态，尚未形成规范、健全的预算制度。

3. 经费实际使用率低。由于××市海丝申遗项目没有专门的相关财务管理与资金使用制度，其资金的使用与管理主要依据《财政部、国家文物局关于印发〈国家重点文物保护专项补助资金管理办法〉的通知》和《××省文化厅关于印发〈全省文物维修保护和文物征集专项经费使管理办法〉的通知》。由于对该两项办法的认识和解读不到位，在项目实施过程中出现财政经费到位后却没能及时确定实施主体的现象。有的将专项经费直接下拨给项目单位或镇、村，责任不到人，造成项目未能启动，经费实际使用率低。

4. 专业人才匮乏。世界文化遗产申报涉及文化遗产、历史、考古、文物与博物馆等多个领域和学科，如何申遗、遗产规划如何制定、申遗文本的编制以及申遗成功后如何保护和合理开发，这些都迫切需要专业人才的参与。然而，评价小组在评价过程中发现，项目实施过程中缺乏专业人才。

5. 管理与监督机制有待进一步完善。世界文化遗产申报与保护是一项工作量浩大的系统性工程，牵涉面非常广，需要多方协调，多个职能部门配合，同时需要延伸到多个县（市）、乡（镇）甚至行政村、自然村。项目的管理与监督机制存在一些问题：①部分县（区、市）对项目负责人的效能督查机制尚未建立，对具体项目负责人的督促管理还不到位，造成在上级各项批复均完成后项目还未能启动；②部分项目未能严格执行文物保护工程管理规定，在修缮时未做方案或未能按批复方案修缮；③部分县（区、市）在选用勘察设计与文本编制单位时没能很好把关，以致文本编制和勘察设计单位水平参差不齐，造成勘察设计方案编制时间过长、效率低等问题。

（二）意见和建议

1. 明确、合理地制定绩效目标。

……

2. 健全内部控制制度及监督管理体制。

……

3. 加强业务培训，提高文本编制水平，组织相关单位人员学习交流。

……

六、其他情况及附件

……

项目评价报告的分指标分析要依据实地调研、座谈、收集资料所掌握的客观事实进行，既要总结各项指标的成绩，也要分析各项指标存在的现实问题。评价结论要有理有据，要做到被评价单位无异议。这其中的关键是指标的评分标准设置要明确、合理，要符合部门行业的规律和相应标准，要依据客观事实打分。评价中要发现问题必须认真进行现场调研、详细访谈、仔细阅读收集材料等。对策建议要确实可行，要能解决实际问题，要有助于财政资金使用效益的提升。

三、20××年××县乡村振兴专项支出事后绩效评价案例与分析

党的十九大作出"乡村振兴"的重大战略部署。乡村振兴目标是按照产业兴旺、生态宜居、乡风文明、治理有效、生活富裕的总要求，建立健全城乡融合发展体制机制和政策体系，加快推进农业农村现代化。本案例主要介

绍乡村振兴专项背景和事后绩效评价流程、乡村振兴事后绩效评价指标体系设计和事后绩效评价报告概要。

（一）20××年××县乡村振兴专项支出事后绩效评价案例概况和流程

20××年××县围绕《福建省乡村振兴试点示范工作方案》提出的"产业兴旺、生态宜居、乡风文明、治理有效、生活富裕"的总体要求，统筹乡村振兴试点示范项目资金××万元。其中：省级部门统筹资金××万元、省财政实绩突出村奖补资金××万元、市级统筹资金××万元，县级××万元。根据资金分配方案，××万元用于试点村建设，××万元用于试点村村庄规划编制，××万元（每村××万元）用于××个省级试点村整村推进"空心房"、危旧房、旱厕拆除工作单项奖补，××万元用于年终奖补。实际使用预算资金××万元，结余××万元。××个试点村根据"产业振兴、人才振兴、文化振兴、生态振兴、组织振兴"五方面任务要求，策划使用试点示范专项资金项目××个。

20××年××县乡村振兴专项支出事后绩效评价的流程如下：

1. 财政部门确定评估项目后进入招投标程序；

2. 以招投标的方式确定评价机构；

3. 评价机构拟定评价方案和绩效评价指标体系；

4. 财政部门给被评价部门下发评价通知和绩效评价指标体系；

5. 评价机构实地调研、座谈、电话邮件沟通、收集资料；

6. 撰写评价报告；

7. 提交评价报告给财政部门，财政部门转发给被评价单位；

8. 被评价单位反馈意见并举证；

9. 评价机构根据反馈意见修改报告，再提交、再反馈、再修改；

10. 定稿。

乡村振兴项目涉及领域较多，比如乡村产业、乡村卫生、乡村教育、乡村用水、乡村道路等。乡村振兴项目包含许多村庄的几十甚至几百个项目。乡村振兴的事后绩效评价指标体系可以上级部门对乡村振兴绩效评价指标体系为基础，根据资金流向和项目主要任务、目标加以修订设置。评价机构要分门别类进行仔细调研，收集一手材料，与村庄项目负责人深入交谈，而后才能较客观地进行绩效评价。上述绩效评价流程仅供参考，遵守流程要以实现下列目标为关键：要能总结梳理乡村振兴项目的成绩，要发现乡村振兴项目管理过程中存在的问题，最终提出有益于提高乡村振兴项目资金使用效益的对策建议。

（二）20××年××县乡村振兴专项支出事后绩效评价指标体系设置

本项目事后绩效评价指标体系的设置参考《2020 年度省级乡村振兴试点示范资金绩效目标》文件中的指标，具体包括项目决策、过程、产出和效果 4 个一级指标。

1. 项目决策指标。项目决策指标下设项目立项、绩效目标和资金投入 3 个二级指标。项目立项指标包括立项充分性和合规性 2 个三级指标。绩效目标包括目标明确性和合理性 2 个三级指标。资金投入指标包括预算编制科学性和资金分配合理性 2 个三级指标。乡村振兴专项是响应国家发展战略的财政资金安排，在立项充分性和合规性上是没有问题的。出现问题的指标主要是绩效目标和资金投入。由于我国全面实施预算绩效管理的时间较短，乡村振兴的各个子项目绩效目标由各个乡镇、自然村编制，事前绩效目标存在编制随意、指标标准值和目标值不合理、产出指标缺少数量指标、产出指标不能反映项目资金具体走向等问题，总之绩效目标的明确性和合理性还有待提高。

2. 项目过程指标。项目过程指标包括资金管理和组织实施 2 个二级指标。资金管理指标包括资金到位率和预算执行率 2 个三级指标。组织实施指标包括政府采购、宣传工作、培训工作、公示、组织管理制度与实施、项目资金管理办法 6 个三级指标。乡村振兴很多项目属于产业项目，产业项目中有一些是工程项目。实践中，笔者发现，一些工程在竣工验收时会有质量问题，这导致一些专项款无法按时拨付。此时，项目事后绩效评价不能过于强调预算执行率，应根据事实酌情给予评分。宣传工作指标是用于考核县、乡镇、村委会是否进行乡村振兴宣传工作，是否让村民了解乡村振兴的背景和意义，是否鼓励村民积极参与等；培训工作指标是考核县和乡镇两级政府相关部门是否组织对村两委干部和财务人员进行专业培训、村两委人员是否熟悉项目运营、财务人员是否熟悉专项资金核算和管理等；公示指标是考核乡村振兴的方案和专项资金使用是否按规定实施公示；组织管理制度与实施指标考核乡村振兴项目是否制定各项管理制度，是否实施事中监督管理；项目资金管理办法指标是考核是否出台乡村振兴专项资金管理办法。

3. 项目产出指标。项目产出指标下设置数量、质量、时效和成本指标 4 个二级指标。项目产出数量指标，比如乡村振兴项目每村平均数、乡村振兴平均每村投入数；项目产出质量指标，比如产业项目、基础设施项目、人居环境整治项目、民生工程项目等是否验收合格并投入使用；项目产出时效，比如产业项目、基础设施项目、人居环境整治项目是否按时完成。项目产出成本指标包括项目投入合理性、项目成本核算与控制。

4. 项目效果指标。项目效果指标包括经济效益、社会效益、生态效益、可持续性影响和服务对象满意度 5 个二级指标。经济效益指标包括培育主导产业个数、主导产业每村平均产值、农民人均年收入高于省人均年收入水平的村数、村集体经济收入年均 10 万元的村占比。

社会效益指标包括新型农业经营主体每村平均培育数、试点村中县级及以上文明村占比、试点村中移风易俗无违规村占比、村综合性文化服务场所覆盖率、开展乡村特文化保护传承村占比、建有便民服务场所村占比、实现一村一法律顾问村占比、矛盾纠纷排解率达 90% 以上村占比、实现标准化村卫生所覆盖率等。

生态效益指标包括完成"一革命四行动"任务村占比（"一革命"是指厕所革命，"四行动"是指垃圾治理行动、农村污水治理行动、农房整治行动、村容村貌提升活动）、无重大环境污染问题村占比、开展美化绿化的村占比等。

可持续性影响指标包括村庄规划管理覆盖率、村党支部评星定级达三星级以上村占比、建有"一约四会"的村占比（"一约"是指村规民约，"四会"是指红白理事会、村民议事会、道德评议会、禁毒禁赌会)等。

服务对象满意度指标可通过问卷调查获得评价依据。

(三)20××年××县乡村振兴专项支出事后绩效评价报告概要

项目事后绩效评价报告的框架包括基本情况、绩效评价工作开展情况、绩效评价的指标情况、综合评价结论、存在的问题和建议、其他情况和附件。本项目事后绩效评价报告概要如下。

20××年××县乡村振兴专项支出事后绩效评价报告

一、项目基本情况

......

二、绩效评价工作开展情况

(一)绩效评价目的

项目评价旨在通过对20××年××县乡村振兴专项进行预算绩效评价,全面了解××县乡村振兴专项立项、执行过程,产出和效益情况,解决财政部门与财政专项资金使用部门之间"信息不对称"问题,发现专项绩效管理中存在的问题,提出相关的对策建议。本报告主要为加强预算绩效管理、提高财政资金使用效益服务。

(二)项目评价依据

项目绩效评价的依据主要是《预算法》中有关财政资金绩效评价的条款,2018年9月颁布的《中共中央 国务院关于全面实施预算绩效管理的意见》,2019年3月福建省委、省政府发布的《关于全面实施预算绩效管理的实施意见》,财政部2020年印发的《项目支出绩效评价管理办法》,中共中央、国务院印发的《乡村振兴战略规划(2018—2022年)》,中共福建省委实施乡村振兴战略领导小组印发的《福建省乡村振兴试点示范工作方案》的通知,福建省农村人居环境整治领导小组印发的《福建省2020年农村人居环境整治工作要点》的通知,中共福建省委实施乡村振兴战略领导小组办公室、福建省财政厅印发的《关于下达2020年度省级乡村振兴试点示范资金绩效目标》的通知。

（三）项目评价方法与原则

项目评价通过座谈、实地查看等方式，收集并处理有关项目资料信息，采用指标法进行评价。项目小组遵循公正、公平、独立的原则进行绩效评价。

三、绩效指标评价情况

……

四、综合评价结论

……

五、项目绩效管理中存在的问题与建议

乡村振兴战略是一个宏伟的系统工程，包括加快农业现代化步伐、发展壮大乡村产业、建设生态宜居的美丽乡村、繁荣发展乡村文化、健全现代乡村治理体系、保障和改善农村民生、完善城乡融合发展政策体系等。因此，贯彻落实乡村振兴战略更需要"全过程"实施预算绩效管理。评价小组通过现场座谈、实地调查、个人访谈、阅读相关资料后发现，20××年××县乡村振兴专项的实施取得较为丰硕的成果，但在预算绩效管理方面还存在一些问题，具体主要有以下几点：

1. 预算绩效管理工作基础尚待夯实。预算绩效管理工作基础主要包括预算绩效目标设置、预算绩效事前评估、预算绩效管理制度、预算绩效原始数据记录、原始材料收集与管理、预算绩效自评等。××县作为福建省财政预算绩效建设示范县，预算绩效管理改革初见成效。翻阅××县委乡村振兴办和省级乡村振兴试点村、实绩突出村绩效目标表和自评报告后，评价小组认为，乡村振兴办和省级乡村振兴试点村、实绩突出村的绩效自评报告较为规范，有一定信息含量，能缓解项目具体执行部门、村与主管部门、财政部门之间"信息不对称"问题，但还存在如下问题：

（1）绩效目标过于简单，有效信息不足。

……

（2）预算绩效事前评估环节缺失，未能及时获得项目预算绩效管理的专

业指导。

……

（3）预算绩效管理工作尚未形成制度，预算绩效管理和项目管理"两张皮"现象较明显。

……

（4）预算绩效管理原始数据记录、原始材料收集与管理工作尚需加强。

……

（5）预算绩效自评初见成效，自评报告尚有提升空间。

……

2. 乡村振兴财政资金有限和资金分配分散的矛盾。

……

3. 项目之间的关联度不够，项目资金无法高效利用。

……

4. 政府投入为主，社会资本参与少。

……

5. 乡村振兴战略宣传还不够深入，村民参与度不高。

……

6. 乡村振兴专业管理人才少，项目实施需要监督指导。

……

鉴于上述问题，评价小组提出如下建议：

1. 优化绩效目标，增加有效信息；开展绩效事前评估，健全绩效管理链条；建立与完善预算绩效管理制度，融合预算绩效管理与项目管理；做好原始记录和资料收集，夯实预算绩效管理基础；认真做好绩效自评，提升绩效报告质量。

……

2. 积极筹措乡村振兴资金，合理分配项目资金。

……

3. 做好全县宏观设计，认真辅导项目申报，强化项目间关联度，有效利用财政资金。

......

4. 激发农村创新创业活力，整合优化农业农村资源，吸引社会资本投入。

......

5. 加大乡村振兴战略宣传，激发村民参与积极性。

......

6. 组织培训村两委干部和财务人员，提供各种专业咨询服务，加强对项目实施的监督指导。

......

六、其他说明及附件

......

乡村振兴项目是综合性项目，其事后绩效评价需要深入了解各子项目事前规划、事中执行和事后绩效情况，要实地调研与座谈交流，要抓住主要问题，从全过程绩效管理视角给予项目客观、公正的评价。

四、20××年××市数字建设专项事后绩效评价案例与分析

互联网技术的快速发展必然推动政府管理的现代化建设步伐，利用互联网技术建设数字化经济治理体系、提供数字化公共服务是政府治理现代化的必然趋势。政府数字建设专项投入是必要的，但投入要量力而行且讲求绩效。

本案例主要介绍20××年××市数字建设专项支出事后绩效评价案例概况和评价流程、事后绩效评价指标体系设计和事后绩效评价报告概要。

（一）20××年××市数字建设专项支出事后绩效评价案例概况和评价流程

本项目具体包括办公室视频会议系统设备、数字建设办公室计算机设备维修和保养服务费用，办公室政务视频会议系统改造项目费用，电信服务

费，××市大数据中心××应急视频会商指挥系统升级项目费用，办公室运行维护服务项目费用，应用性能监控采购费用，办公室统一安全防护服务类采购项目费用，办公室应用性能监控等服务类采购项目费用，应用异常监控平台费用，市政务数据汇聚共享平台建设和应用服务项目费用，市全流程网上办事统一平台项目费用，市大数据中心20××年××市国家电子证照应用试点项目费用（监理费），××市政府网站统一技术平台扩容改造费用，安全防护和开发服务项目费用，××市网上公共服务平台服务采购项目费用（监理费），××市协同办公系统二期项目费用，办公室IT运维系统升级及值班管理平台开发服务项目费用，××市公共服务云项目费用，其他费用，共计××万元。

20××年××市数字建设专项支出事后绩效评价具体流程如下：

1. 财政部门确定评估项目后进入招投标程序；

2. 以招投标的方式确定评价机构；

3. 评价机构拟定评价方案和绩效评价指标体系；

4. 财政部门给被评价部门下发评价通知和绩效评价指标体系；

5. 评价机构入场座谈、收集资料；

6. 撰写评价报告；

7. 提交评价报告给财政部门，财政部门转发给被评价单位；

8. 被评价单位反馈意见并举证；

9. 评价机构根据反馈意见修改报告，再提交、再反馈、再修改；

10. 定稿。

项目事后绩效评价流程大体是一样的，但不同项目在实际评价过程中存在一些差异。比如本项目，在确定评价机构后，评价机构应先了解数字专项各子项目的具体情况以及被评价单位的绩效自评报告才能确定事后绩效评价指标体系。数字专项支出主要是建设视频会议系统、网上统一办事平台、电子证照系统、维护等，这些产出很多是无形的资产，现场调查是无实物可看的，因此必须翻阅一些数据资料，尤其是预算单位的可行性报告、概算、项目运行记录等；或者登录网页进行体验，比如政府网站建设、网上办事平台。换言之，项目的事后绩效评价流程大体一样，但实际工作中要根据项目的特殊性而灵活操作。

（二）20××年××市数字建设专项支出事后绩效评价指标体系设置

项目事后绩效评价指标体系设计要基于问题导向和管理目标导向。本项目根据财政部 2020 年印发的《项目支出绩效评价管理办法》提供的绩效评价指标框架、××市财政局预算绩效管理要求、××市大数据局的事前绩效指标体系、专项资金使用去向情况以及调研所获得的资料等设计出决策、过程、产出和效益 4 个一级指标。

1. 项目决策指标。决策指标下设项目立项、绩效目标、资金投入 3 个二级指标，6 个三级指标和 3 个四级指标。其中：项目立项指标下设置立项充分性（立项是否符合公共财政目标）和立项的合理性（主要考核评价政府内部是否存在重复项目投入）2 个三级指标。

绩效目标指标下设置绩效目标合理性和明确性 2 个三级指标。绩效目标合理性主要考核项目绩效目标与实际工作内容是否具有相关性；项目预期产出效益和效果是否符合正常的业绩水平；是否与预算确定的项目投资额或资金量相匹配等；绩效目标明确性指标主要考核是否将项目绩效目标细化分解为具体的绩效指标，是否通过清晰、可衡量的指标值予以体现；是否与项目目标任务数或计划数相对应等。

资金投入指标下设预算编制的科学性和资金分配的合理性 2 个三级指标。预算编制的科学性指标主要考核预算编制是否经过科学论证；预算规模与项目内容是否匹配；预算额度测算依据是否充分，是否按照标准编制；预算确定的项目投资额或资金量是否与工作任务相匹配。资金分配合理性指标主要考核预算资金在各个子项目之间分配的依据是否充分；资金分配额度是否合理，与项目单位或地方实际是否相适应。

2. 项目过程指标。过程指标下设资金管理和组织实施 2 个二级指标，5 个三级指标和 2 个四级指标。其中：资金管理指标下设资金到位率和预算执行率 2 个三级指标。组织实施指标下设政府采购、管理制度与实施、项目资金管理办法 3 个三级指标。管理制度与实施指标下设管理制度建设和管理制度实施 2 个四级指标。尤其是赋予"项目资金管理办法"三级指标较高分值，督促单位遵守《项目支出绩效评价管理办法》，要制定和实施项目资金管理办法。我国预算尚属于"控制型"预算，项目事后绩效评价不能缺少对过程的考核。

3. 项目产出指标。根据数字项目下主要子项目设置市政府统一网站群平台、市政务数据汇聚共享平台、市网上公共服务平台、政务视频会议系统、市全流程网上办事统一平台、数据中心运维服务、协同办公系统二期 7 个二级指标，数量、质量和时效 3 个三级指标，32 个四级指标。各个子项目作为二级指标，二级指标下按照数量、质量、成本和时效分别设置三级指标。三级指标主要根据子项目的主要特点、功能和技术要求等进行设置，比如市政府统一网站群平台二级指标下设数量指标和质量 2 个三级指标，数量指标下设"50 个政府网站运行"四级指标，质量指标下设全市政府网站合格率、市政务新媒体合格率和技术平台的"统一性" 3 个四级指标。

4. 项目效益指标。效益指标下设置实施效益和服务对象满意度 2 个二级指标，设置经济效益、社会效益、生态效益、可持续性、政府网站满意度、政府协同办公系统满意度、其他系统满意度 7 个三级指标，设置政民互动、网上办事、便民服务 3 个四级指标。

（三）20××年××市数字建设专项支出事后绩效评价报告概要

根据 2020 年财政部发布的《项目支出绩效评价管理办法》提供的参考格式，笔者认为项目事后绩效评价报告的框架包括基本情况、绩效评价工作开展情况、绩效评价指标情况、综合评价结论、存在的问题和建议、其他情况和附件。

20××年××市数字建设专项支出事后绩效评价报告

一、基本情况

本项目具体包括数字建设办公室视频会议系统设备、数字建设办公室计算机设备维修和保养服务费用，数字建设办公室政务视频会议系统改造项目费用，电信服务费，IT运维系统升级及值班管理平台开发服务项目费用，××市公共服务云项目费用，其他费用，共计××元。

二、绩效评价工作开展情况

1. 评价目的。本项目评价旨在通过关键指标（KPI）对2020年数字专项进行预算绩效评价，了解20××年数字专项投入、产出和效益情况，提出相关的对策建议，解决财政部门与财政资金使用部门之间"信息不对称"问题，确保数字建设可持续性发展。本报告仅作为加强预算绩效管理、提高财政资金使用效益的用途，不支持其他用途。

2. 项目评价依据。项目绩效评价的依据主要是《预算法》中有关财政资金绩效评价的条款、2018年9月颁布的《中共中央 国务院关于全面实施预算绩效管理的意见》、2019年3月××省委、省政府发布的《关于全面实施预算绩效管理的实施意见》、财政部2020年印发的《项目支出绩效评价管理办法》。

3. 项目评价方法与原则。项目评价通过座谈、现场查看、问卷调查等方式，收集并处理有关项目资料信息，采用指标法进行评价。项目小组遵循公正、公平、独立的原则进行绩效评价。

三、绩效评价指标情况

......

四、综合评价结论

......

五、存在的问题及建议

（一）存在的问题

1. 预算绩效管理基础薄弱。数字专项各个子项目可自动记录、实时监测各项指标运行的情况，项目有做好预算绩效管理工作的条件。但××市大数据局预算绩效管理工作还存在一些问题，比如绩效目标设置和绩效自评报告、项目资金管理、事前绩效评估等方面的问题。从收集的评价资料看，数字专项各个子项目绩效目标设置和绩效评价报告要优于数字专项项目整体目标设计和绩效评价报告。数字专项项目整体绩效目标设置和自评报告存在几个问题：①产出指标不够清晰、关联度不高、层次性和系统性差。②一些子项目的指标设计未能体现子项目"关键产出"情况，存在重大缺项、漏项。③效益指标未能从严、从高设定，无法充分发挥绩效目标对预算编制执行的引导约束和控制作用。④数字专项整体绩效自评价报告未能围绕绩效指标进行细化、量化，科学合理评价，无法真实反映项目整体情况，缺乏可用性。

2. 部门管理缺乏战略规划，绩效目标制定缺乏政策基础。

……

3. 项目绩效管理重点不够明确，对投入向产出转换的效率性、产出向成果转换的效益性等考虑不足。

……

4. 项目预算编制以概算代替预算，未充分考虑可行性调研和项目预算编制之间技术变化、价格变动等因素影响。

……

5. 各子项目应用的问题。

……

（二）对策建议

1. 强化项目预算绩效管理。未来预算绩效管理工作有以下几件工作需要重点关注：

（1）做好事前绩效评估工作，不得以可行性研究代替事前绩效评估，事前评估从"问据、问由、问源、问效"四个方面开展。

……

（2）提高事前绩效目标设计和事后自评报告质量，加强指标有机衔接，确保任务相互匹配、指标逻辑对应、数据相互衔接，从严、从高设定指标值。

……

（3）制定专项资金管理办法，资金管理有章可循，保障资金安全，提高资金使用效率。

……

2. 项目要围绕部门战略管理目标，结合市级财力和项目的重要性、紧迫性，科学安排立项顺序。

……

3. 明确效益为项目绩效管理重点，从严、从高设定绩效指标，注重投入产出比和成本效益比，贯彻"物有所值"的绩效理念。

……

4. 控制项目成本以确保项目可持续性。

……

5. 结合问题的紧迫性和财力可行性，进一步提升数字××项目应用性。

……

六、其他

……

数字信息建设是实现政府治理现代化的关键措施，是很有必要的举措，也是公共财政扶持的范围。然而，数字信息建设必须与当地经济发展水平和财力水平保持一致，数字信息技术日新月异，过分超前的建设会带来巨大浪费。数字信息建设要由政府集中统筹安排，不能政府部门各自为政、重复建设。数字信息建设要进行充分可行性论证，要有专业、合理的价格估算。数字信息建设项目要有运行记录，要留有痕迹，要能进行量化考核。

五、食品安全服务管理网格体系建设专项事后绩效评价案例与分析

（一）食品安全服务管理网格体系建设专项事后绩效评价案例概况和流程

本项目是××县20××年旨在持续推进治理"餐桌污染"、建设"食品放心工程"的工作。该项目的主要目标是实现食品药品安全网格化管理。建立和完善区、街道、社区三级网格的食品药品安全服务管理网格体系，全面提升食品药品安全监管能力和服务水平，实现食品药品安全社会共治，保障

群众饮食用药安全。建立1个监控中心，建设街道、社区食品安全综治网络化平台，达到全区××个街道××个社区网格化管理全覆盖。县财政投入××万元（用于街道、社区食品安全综治网络化平台建设××万元，分局监控中心建设××万元），县区食安办、市食品药品监督管理局××分局为主要负责单位，县综治办、各镇街办事处为协办单位。

20××年××县食品安全服务管理网格体系建设专项事后绩效评价流程如下：

1. 财政部门确定评估项目后进入招投标程序；

2. 以招投标方式确定评价机构；

3. 评价机构拟定评价方案和绩效评价指标体系；

4. 财政部门给被评价部门下发评价通知和绩效评价指标体系；

5. 评价机构入场座谈、调研和收集资料；

6. 撰写评价报告；

7. 提交评价报告给财政部门，财政部门将报告转发给被评价单位；

8. 被评价单位反馈意见并举证；

9. 评价机构根据反馈意见修改报告，再提交，再反馈，再修改；

10. 定稿。

项目绩效评价指标体系的设计一般在评价机构入场座谈、调研和收集资料一周后才能提交。所以，上述流程仅供参考。

（二）食品安全服务管理网格体系建设专项事后绩效评价指标体系设计

本项目根据财政部2020年印发的《项目支出绩效评价管理办法》提供的绩效评价指标框架、专项资金使用去向情况以及调研所获得的资料等设计出决策、过程、产出和效益4个一级指标。因项目决策和过程指标的设计与其他项目大体一致，故而省略。下文主要介绍产出和效果指标。

1. 项目产出指标。产出指标下设食品药品安全网格化监管中心建设和社区信息网格点建设2个二级指标。其中食品药品安全网格化监管中心建设指标下设网格化监管中心建设进度、网格化监管中心建设质量和网格化监管建设投入（考核建设投入是否与预算一致）3 个三级指标。社区信息网格点建设下设社区信息网格点建设进度、覆盖率和投入 3 个三级指标。

2. 项目效果指标。效果指标下设社会效益、可持续性影响和服务对象满意度 3 个二级指标。其中，社会效益指标下设监控小食品小食杂的家数（评价标准可采用监控的家数占总家数达到 90% 以上为满分）、食品安全巡查力度（可采用每月巡查频率作为评价标准）、应急事件处理能力等三级指标。可持续性影响指标下设专职网格员稳定率、网格员培训制度与实施、后续财政保障等三级指标。服务对象满意度可通过问卷调查获得结果，以此反映人民群众对食品安全工作的满意度。

（三）食品安全服务管理网格体系建设专项事后绩效评价报告概要

事后绩效评价报告的框架包括基本情况、绩效评价工作开展情况、绩效评价指标情况、综合评价结论、存在的问题和建议、其他情况和附件。

20××年××县食品安全服务管理网格体系建设专项事后绩效评价报告

一、项目基本情况

……

二、绩效评价工作开展情况

1. 评价目的。

……

2. 项目评价依据。

……

3. 项目评价方法与原则。项目评价通过座谈、现场查看、问卷调查等方式，收集并处理有关项目资料信息，采用指标法进行评价。项目小组遵循公正、公平、独立的原则进行绩效评价。

三、绩效评价指标情况

……

四、综合评价结论

......

五、项目绩效管理中存在的问题与对策

（一）存在的问题

1. 预算绩效管理制度不完善，管理工作不到位。

......

2. 各街道隐患排查力度不一，食品安全工作有待加强。

......

3. 存在食品安全隐患报送率不实问题。

......

4. 薪酬水平太低，网格员流动率高。

......

（二）对策建议

1. 逐步完善预算绩效管理制度，加强预算绩效管理工作。

......

2. 提高信息对称度，加强隐患排查工作管理。

......

3. 建立并完善食品安全隐患监督检查制度，确保食品安全隐患报送真实性。

......

4. 提高网格员的薪酬，稳定网格员队伍。

......

六、行政服务中心建设专项事后绩效评价案例与分析

（一）行政服务中心建设专项事后绩效评价案例概况和流程

××县行政服务中心建设项目总预算××万元，20××年度完成投资××

万元。该项目主要完成行政服务中心装修设计方案、装修工程、办公室设备采购、空调安装、电梯安装、智能化建设等。建成一个设有××间交易大厅、××间评标室、××间资料室、××间监控室，融专家抽取系统、音频通知系统、音频监控系统、电子评标系统、网络信息发布系统等于一体的公共资源交易场所及进驻人员办公场所，配套设施齐全，全面优化发展办公环境。

20××年××县行政服务中心建设专项事后绩效评价流程如下：

1. 财政部门确定评估项目后进入招投标程序；

2. 以招投标方式确定评价机构；

3. 评价机构拟定评价方案、收集前期材料、设计绩效评价指标体系；

4. 财政部门给被评价部门下发评价通知和绩效评价指标体系；

5. 评价机构入场座谈、调研和收集资料；

6. 撰写评价报告；

7. 提交评价报告给财政部门，财政部门将报告转发给被评价单位；

8. 被评价单位反馈意见并举证；

9. 评价机构根据反馈意见修改报告，再提交，再反馈，再修改；

10. 定稿。

行政服务中心建设项目有点复杂，包括室内设计、室内装修、电子设备购置、电梯购置等。评价人员要事先了解清楚专项的具体情况，拟定绩效目标，然后进场调研、座谈和收集更为具体的信息资料。

（二）××县行政服务中心建设专项事后绩效评价指标体系设计

本项目事后绩效评价指标体系设计要基于问题导向和管理目标导向，根据财政部 2020 年印发的《项目支出绩效评价管理办法》提供的绩效评价指标框架、××县财政局预算绩效管理的要求以及专项资金使用去向情况等信息资料设计出决策、过程、产出和效益 4 个一级指标。

1. 项目决策指标。项目决策指标下设决策充分性和合理性、绩效目标设置的合理性和资金分配 3 个二级指标。其中，决策充分性和合理性主要考核该项目专项申报程序是否合规，是否符合有关法律法规的明确规定和经济社会发展规划，是否有前期论证，是否符合本地经济发展水平与财力情况等。绩效目标设置的合理性主要考核项目事前绩效目标设置是否涵盖项目支出的所有产出和主要效果。资金分配指标主要考核项目资金在各个子项目的分配是否合理，是否主要用于和实现行政服务中心建设的主要功能。

2. 项目过程指标。项目过程指标下设管理制度与执行、资金管理2个二级指标。其中，管理制度指标下设业务管理制度、财务管理制度、政府采购规范性、管理制度执行的有效性4个三级指标。资金管理下设专项资金管理制度和资金到位率2个三级指标。

3. 项目产出指标。项目产出指标下设设备采购、业务用房装修和项目成本节约率3个二级指标。设备采购指标下设设备采购数量、设备质量和设备采购时效（是否按时完成采购）3个三级指标。业务用房装修指标下设业务用房装修数量、质量和时效3个三级指标。项目成本节约率指标主要考核项目具体实施后成本与预算成本之间的差距。

4. 项目效果指标。项目效果指标下设社会效益、可持续性影响和服务对象满意度3个二级指标。

（三）行政服务中心建设专项事后绩效评价报告

20××年××县行政服务中心建设专项事后绩效评价报告

一、项目基本情况

……

二、绩效评价工作开展情况

1. 评价目的。

……

2. 项目评价依据。

……

3. 项目评价方法与原则。项目评价通过座谈、现场查看、问卷调查等方式，收集并处理有关项目资料信息，采用指标法进行评价。项目小组遵守公正、公平、独立的原则进行绩效评价。

三、绩效评价指标情况

......

四、综合评价结论

......

五、项目绩效管理中存在的问题与对策

（一）存在的问题

1. 绩效目标的编制质量有待提高。

......

2. 项目实施管理办法急需完善。

......

3. 绩效管理工作信息化水平不高。

......

4. 行政服务质量需要进一步提升。

......

（二）对策建议

......

| 第三章 |

政策和制度绩效管理案例与分析

政策分广义和狭义，涉及财税的狭义政策主要是指政府区域政策、产业政策、财政政策和税收政策等，这些政策的实施往往伴随着财政支出。涉及财税的制度属于广义政策，主要是指财税方面制度，财税制度的实施往往也伴随着财政支出，比如政府间财政管理体制，财政管理体制规定各级政府间的收入和支出职责划分。本章主要介绍促进外资利用政策和财政体制的事前绩效评估与事后绩效评价。

第一节　政策绩效管理案例与分析

一、政策事前绩效评估：促进外资利用政策事前绩效评估案例与分析

促进外资利用政策主要是采用资金到位奖励、经营业绩的财政奖励、人才政策、土地政策、金融政策、营商环境、政府采购政策等吸引重大外资项目，鼓励原有外商投资企业增资，支持总部经济和科研平台到本地发展。根据 2018 年《中共中央 国务院关于全面实施预算绩效管理的意见》，政策属

于全面实施预算绩效管理的范畴。目前，我国政策出台时鲜少进行事前绩效评估。本书关于促进外资利用政策事前绩效评估的案例设计是一种大胆"尝试"，案例设计包括评估指标设计、流程、评估报告等。

（一）促进外资利用政策事前绩效评估指标体系设计

商务局编制促进外资利用政策事前绩效评估指标体系时，产出和效果指标的目标值是估算出政策有效期内产出和效果的各项指标目标值，再根据各项指标值估算政策有效期内的总财政支出、年均财政支出、土地面积等指标值。促进外资利用政策的事前绩效评估指标体系包括政策制定、政策产出、政策效果3个一级指标。其中：

1. 政策制定一级指标。促进外资利用政策的政策制定指标下设政策制定和财力保障2个二级指标。其中，政策制定指标下设充分性和立项程序规范性2个三级指标。

政策制定充分性指标下设制定依据、制定的财政目标2个四级指标。政策制定依据是指促进外资利用政策制定是否符合国家法律法规、国民经济发展规划和相关政策；是否符合行业发展规划和政策要求；是否与部门职责范围相符；政策制定财政目标是指促进外资利用政策是否属于公共财政支持范围，是否具有效率和公平目标。立项程序规范性是指促进利用外资政策制定是否经过充分调研、论证。

财力保障指标主要是衡量促进外资利用政策实施过程中当地财力是否能给予相应的支持，是否能及时兑现政策中各项优惠措施。

2. 政策产出一级指标。政策产出指标包括政策产出数量、质量和成本3个二级指标。其中，政策产出数量指标包括引进外资数量、引进人才数量、总部经济落户数、科研平台数等三级指标。其中，引进外资数量指标还可下设新增投资、增资、企业并购、境外上市返程投资等四级指标。政策产出质量指标包括引进人才层次、科研平台质量等四级指标。政策产出成本包括各项产出的总成本和单位平均成本2个三级指标，比如对新增外资的财政奖励总支出和对每××万美元新增外资的财政奖励支出。

3. 政策效果一级指标。政策效果指标下设经济效益、社会效益、生态效益、可持续性影响和服务对象满意度 5 个二级指标。其中，经济效益指标考核促进外资利用政策在政策有效期内每年平均带来的产出、利润、税收等；社会效益指标考核促进外资利用政策在政策有效期内每年新增就业机会；生态效益指标考核引入外资企业的环保指标是否达标；可持续性影响指标是指促进外资利用政策对享受政策外资企业的有效约束时效，比如规定享受政策优惠的外资企业在 10 年内不准减资、撤资；当地财力可以支持政策有效实施的时长。服务对象满意度指标是指享受政策的外商投资企业对政策实施过程的满意度，可通过问卷调查获得满意度指标值。

（二）促进外资利用政策事前绩效评估案例与流程等

××市制定 2022～2026 年促进外资利用政策，政策涉及财政奖励、税收激励、人才政策、土地和租金政策、营商环境等各种政策方式，政策作用对象有资金到位、吸引人才、科研平台等。因政策较为复杂，不宜采用专家案头方式审核评估，因此财政部门可委托第三方机构进行政策事前绩效评估。

促进外资利用政策事前绩效评估的流程如下：

1. 财政部门确定要进行促进外资利用政策事前绩效评估；

2. 通过招标方式确定第三方机构；

3. 第三方机构收集相关资料，进场座谈调研；

4. 第三方机构提交评估报告初稿；

5. 商务局反馈意见，第三方机构修改评估报告；

6. 财政部门要求商务部门根据评估意见修改政策。

第三方机构的工作方案：

1. 与财政部门签订政策事前绩效评估的委托协议；

2. 阅读政策和政策的事前绩效目标，罗列评估所需资料并发送给商务局；

3. 入场与商务局人员座谈，收集相关资料；

4. 测算各项指标所需的财力保障，比较其他城市政策条件，分项评估打分；

5. 撰写评估报告初稿，提交财政局；

6. 第三方机构根据商务局提供的反馈意见和佐证材料对评估报告进行修改；

7. 定稿。

（三）促进外资利用政策事前绩效评估报告概要

××市促进外资利用政策事前绩效评估报告

一、事前绩效评估对象

事前绩效评估对象为某市促进外资利用政策。此次事前绩效评估目标是通过第三方机构到现场调研、座谈、收集并阅读相关材料，评估促进外资利用政策绩效目标的合理性和明确性；政策实施是否具有财力保障能力；政策工具组合使用是否合理、得当；政策力度、作用点是否精准；政策实施流程是否简便、合理等。

二、事前绩效评估原则、依据和方法

此次事前绩效评估严格遵守独立、客观、公正的原则。事前绩效评估依据是《预算法》、2018 年 9 月颁布的《中共中央 国务院关于全面实施预算绩效管理的意见》等文件通知。本次事前绩效评估通过现场调研、座谈、收集相关资料来获取评估所需信息，对促进外资利用政策的事前预算绩效目标、政策实施的财力保障能力、政策工具组合使用是否合理得当、政策作用力度、政策作用点是否精准、政策实施是否简便等进行分项打分，并出具评估报告。

三、事前绩效评估具体内容

此部分具体内容包括：对政策的事前预算绩效目标合理性、规范性和明确性等进行总体评价；对政策的产出指标、效果指标进行分项评估；对政策实施的财力保障能力进行评估；对政策工具组合使用的合理性进行评估；对政策作用力度和作用点的精准度进行评估；对政策实施是否简便进行评估等。

四、事前绩效评估结论和建议

（1）评估结论。

无保留意见并通过或保留意见并修改通过或不予通过。同时，给出作出这个评估结论的理由。

（2）评估建议。

……

五、附件

调研座谈现场照片、城市管理局的重要佐证材料、评估小组成员签名表等。

促进外资利用政策的事前绩效评估要关注政策制定是否合法合规；是否符合公共财政支持范围及公共财政效率、公平目标；政策的产出绩效目标的设定是否清晰、明确；政策实施是否有相应财力保障。关于财力保障，第三方机构要根据当地财力发展情况进行政策实施的财政支出测算，确保政策能及时兑付，维护政府信用。通常，商务部门在出台类似政策前一定做了充分政策调研，并出具可行性报告。第三方机构主要根据可行性报告和相关资料做些核实工作。

二、政策事后绩效评价：产业扶持政策事后绩效评价案例与分析

产业扶持政策是产业政策重要组成部分，包括采用政府直接投资、政府管制、物资调配等方式的直接干预，和采用财税政策、金融政策、工资政策、价格政策等手段的间接干预。本案例是财政扶持产业政策的事后绩效评价。

（一）产业扶持政策事后绩效评价案例概况和流程

目前，某区现行产业扶持政策有××项（含补充意见××项、实施细则××项），政策主要涉及金融科技、总部经济、高成长型企业、企业改制上

市、国际商务运营中心、企业引进人才、企业投融资、商贸流通业、高端专业服务业、专业服务业平台、会展业、经济合作区、建筑业、互联网经济、质量技术、软件信息企业、科技创新、影视产业、健康产业、文化创意产业园、人力资源服务业会展活动等。现行的产业扶持政策主要分为两类：一是根据上一级政府的政策规定和精神制定的产业扶持政策；二是本区根据自己实际情况和产业特色自行制定的产业扶持政策。

产业扶持政策事后绩效评价的流程具体如下：

1. 财政部门确定需要评价的政策后，进入招投标程序；

2. 以招投标的方式确定评价机构；

3. 评价机构拟定评价方案和绩效评价指标体系；

4. 财政部门给被评价部门下发评价通知和绩效评价指标体系；

5. 评价机构入场座谈、收集资料，进行问卷调查；

6. 撰写评价报告；

7. 提交评价报告给财政部门，财政部门转发给被评价单位；

8. 被评价单位反馈意见并举证；

9. 评价机构根据反馈意见修改报告，再提交、再反馈、再修改；

10. 定稿。

产业扶持政策的事后绩效评价是在政策生命周期终端进行的评价，评价具有时间跨度长、政策多、企业数量大等特点。第三方机构在问卷调查阶段最为消耗时间，估计至少也需要 2 个月才能完成问卷调查和相关数据整理。因此，认真做好一项政策事后绩效评价往往需要大半年时间。

（二）产业扶持政策事后绩效评价指标体系设计

按目前通行的做法，产业扶持政策事后绩效评价设置政策制定、政策执行、政策产出和政策效益 4 个一级指标，每个一级指标根据评价需要设置相应的明细指标，具体如下。

1. 政策制定一级指标。指标下设政策绩效目标明确性、政策合理性、政策时效性、政策财力投入 4 个二级指标。

（1）政策绩效目标明确性。该指标是指产业扶持政策是否有清晰确定的政策目标指向，包括在规定时限内计划达到一定数量的成果。如果政策未明确时限，也没有计划大致数量的预期成果，那么政策绩效目标就是不明确的。政策绩效目标不明确将导致政策投入不明确，政策就会有兑现风险。政策出现兑现风险将对政府信誉产生负面影响。

（2）政策合理性。该指标是指产业扶持政策是否符合当期国家、所在市、所在区产业发展战略目标，是否有助于所在区当期产业发展主要任务的实现。政策绩效的事后评价应以政策制定日的产业发展战略目标与主要任务来判断其目标是否合理，而不是以政策评价日的产业发展战略目标与主要任务来评价其合理性。本书主要采用政策出台及时性、结构完备性和政策力度3 个指标来衡量政策合理性。

（3）政策时效性。该指标是指现行产业扶持政策是否符合未来国家、所在市、所在区产业发展战略目标，是否有助于所在区未来产业发展主要任务的实现。产业扶持政策应随着当地产业发展进行动态调整，一般以一个"五年规划"为周期，个别政策可能还要根据实际情况进行更加灵活的调整。政策绩效目标的时效性应以政策评价日的产业发展战略目标与主要任务来评价。

（4）政策财力投入。下设政策财力投入的可行性与可持续性2 个三级指标。政策财力投入的可行性是指当地年度财政收入是否可以支持年度计划目标的政策兑现。政策财力投入的可持续性是指在产业扶持政策的有效期内，当地财政收入是否可以持续支持政策计划目标的实现。两个指标都要基于明确的政策绩效目标和对当地财政收入的预测和估计，做好中长期财政计划是关键。

2. 政策执行一级指标。该指标下设信息公开性、公平性、便利性、审批公正性、兑付及时性5 个二级指标。

（1）信息公开性：政策是否挂在主管部门网页上，是否在各种媒体上进行宣传报道，是否直接向企业进行点对点宣传。信息公开性直接影响产业扶持政策的执行效果。

（2）公平性：评估在产业扶持政策前同行业不同的企业（比如本土企业

和招商引资来的企业；文件出台前成立和文件出台后成立的企业）是否享有同等机会。

（3）便利性：评估符合条件的个人和企业在按程序申请享受政策时是否要花费大量时间和精力。

（4）审批公正性：评估主管部门在受理符合产业扶持政策条件的个人和企业申请时是否按照统一标准进行审批，是否存在"权力寻租"现象。本指标可采用投诉率、审计监察部门检查结果、腐败案件数量等衡量。

（5）兑付及时性：考察产业扶持政策兑现是否及时。

3. 政策产出一级指标。下设享受的行业、企业或个人（单位：个、家、人），兑现金额（单位：元/每家、人，总金额）2 个二级指标。享受的企业或个人二级指标可根据需要在企业或个人指标下按企业规模、人才类别再设置三级指标。

4. 政策效益一级指标。下设经济效益、社会效益、可持续性、服务对象满意度 4 个二级指标。

（1）政策的经济效益主要选择受益企业的税收贡献和营业收入 2 个三级指标。事实上，企业的税收和营收受很多因素影响，产业扶持政策的贡献很难从诸多影响因素中独立出来计算。这一指标仅提供产业扶持政策和对应企业的税收与营收信息以供参考。

（2）政策的社会效益可采用受益企业的从业人员数和平均工资的增加 2 个三级指标。

（3）可持续性采用企业发展力和企业培育力 2 个三级指标来衡量产业扶持政策是否产生可持续性影响。

（4）服务对象满意度采用企业获得感来衡量该指标。

（三）产业扶持政策事后绩效评价报告概要

政策的事后绩效评价报告可采取与项目事后绩效评价报告基本一致的框架，包括基本情况、绩效评价工作开展情况、绩效评价的指标情况、综合评价结论、存在的问题和建议、其他情况和附件。

产业扶持政策事后绩效评价报告

一、政策基本情况

20××~20××年，××区产业扶持政策兑现的金额共计××万元，受益次数××次。产业扶持政策兑现金额主要集中在总部经济、商贸流通业、互联网经济、会展业、质量技术等产业领域。从认定标准角度看，××区已兑现的条款分为三类：以收入为标准；以纳税为标准；以特定事项为标准（如支持本区企业参展、符合质量/技术标准奖励、专利奖励、配套设施补助等）。其中，以特定事项为标准的扶持政策在条款数量上最多，且兑现金额最高；以收入为标准的扶持政策虽然在条款上只有前者的一半，其兑现金额则与以特定事项为标准的条款基本持平；以纳税为标准的扶持政策不论在条款数量上还是兑现金额上都是最少的。

二、产业扶持政策绩效目标

"十三五"时期，××区产业扶持政策要推进产业转型，打造商贸、金融、旅游会展、软件信息等××条千亿产业链，经济创新能力不断提高……

产业扶持政策具体的总目标和年度目标缺失（事前绩效目标缺失是因为产业扶持政策制定时我国尚未全面实施预算绩效管理）。

三、产业扶持政策绩效评价工作开展情况

（一）产业扶持政策绩效评价目的

2018年9月《中共中央 国务院关于全面实施预算绩效管理的意见》提出，力争在3~5年时间基本建成全方位、全过程、全覆盖的预算绩效管理体系。产业扶持政策属于全方位预算绩效管理的基础层面。本次评价的根本目的是，对现行产业扶持政策进行事后评价，为进一步建设与完善××区全面预算绩效管理服务。评价的直接目的是，研究××区产业扶持政策兑现的财政资金如何"提质增效"，以及如何调整现行产业扶持政策进而有效促进××区"十四五"规划产业发展目标的实现。

（二）产业扶持政策绩效评价的依据

现行产业扶持政策评价的法律依据是2014年修订的《预算法》和2020

年颁布实施《中华人民共和国预算法实施条例》中有关预算绩效管理和预算绩效评价的规定。现行产业扶持政策评价的中央精神与意见依据是 2018 年发布的《中共中央 国务院关于全面实施预算绩效管理的意见》。文件提出实施全方位预算绩效管理，要求政策纳入绩效管理，要从质量、时效、成本、效益等方面综合衡量政策预算资金使用效果。对实施超过 1 年的重大政策实行全周期跟踪问效，建立动态评价调整机制，政策到期、绩效低下的政策要及时清理退出。文件还规定，对绩效好的政策原则上优先保障，对绩效一般的政策要督促改进，对交叉重复、碎片化的政策予以调整，对低效、无效资金一律削减或取消。

现行的产业扶持政策评价的价值判断标准和技术判断标准。价值判断标准是指产业扶持政策目标是否与××区"十四五"规划的战略目标一致，是否符合公共财政管理的效率和公平价值取向。技术判断标准是指产业扶持政策制定和实施过程是否符合科学性、合理性、程序便利性、信息公开、时效性等要求。

（三）产业扶持政策绩效评价方法与原则

产业扶持政策评价通过座谈、问卷调查等方式，收集并处理有关项目资料信息，采用指标法进行评价。项目小组遵循公正、公平、独立的原则进行绩效评价。

四、产业扶持政策绩效指标评价情况

（一）政策制定指标评价

1. 政策绩效目标明确性。现行的产业扶持政策有较为明确的产业扶持目的指向，但缺乏明确、详细的绩效目标设置……

2. 政策的合理性评价。主要评价政策的出台及时性、结构完备性和政策力度……

3. 政策时效性。主要评价政策是否根据经济发展变化而及时调整。

4. 政策财力投入的可行性与可持续性评价。①可行性。从目前兑付情况看，××区现行的产业扶持政策兑付较为及时，尚无兑付风险。但还有不少政策还未兑付，产业扶持政策并无明确的绩效目标，未来兑付金额不确定。

再且，这几年国际国内经济的不确定性较大，产业扶持政策的兑付存在一定风险。

②可持续性。从目前××区的经济和财政水平和发展趋势看，现行的产业扶持政策的财力投入具有可行性。但考虑未来几年国际国内经济的不确定性、××区中长期财政计划缺乏、产业扶持政策的绩效目标缺失、未来产业扶持力度尚需加大等因素，导致产业扶持政策的可持续性也存在不确定性。

（二）"政策执行"指标评价

1. 信息公开性。企业可在主管部门网页获取相应产业扶持政策，但因政府各部门在宣传上呈现出"各自为营"的现象，企业在获取最新或全面的政策信息上缺少统一的渠道，进而导致政策宣传力度在一定程度上有所下降。

2. 公平性。调查显示，××区现行产业扶持政策，无论在政策数量上还是发放资金上，均以扶持本地产业类的政策为主。对企业的调查显示，反映当前产业扶持政策"重增量、轻存量"的声音较为集中。

3. 便利性。通过问卷调查，各企业反馈了政策兑现的便利度。结果显示，××家与××家企业认为政策兑现的便利度"非常便利"与"比较便利"，××家企业认为便利度"一般"，××家与××家企业认为"不太方便"与"非常不方便"。

4. 兑付及时性。从访谈了解到，企业将申请材料交至街道，由街道进行初审后交由财政局复审，区政府主管领导终审后，财政局安排款项的拨放。从调查问卷的结果看来，在过去 12 个月内××家企业获得了财政扶持资金，且××家企业认为在满足相应条件的情况下，均能够顺利兑现政策奖励，可见××区对于扶持资金的兑现信用较高，且兑现是较为及时的。

（三）政策产出指标评价

由于××区产业扶持政策未做事前绩效目标设置，政策产出指标事后评价缺乏科学、合理的评价标准。评价小组收集并汇总政策产出结果，供政策修订时参考，但不予评分。

（四）政策效益指标评价

1. 经济效益指标评价。现行的产业扶持政策未做事前绩效目标设置，事后评价缺乏评价标准，因此评价小组不对此项指标评分。在缺乏事前绩效目标的情况下，经济效益指标无法评价，但也可以将其作为"正向指标"，通过加分方式进行处理。以本案例为例，评价小组通过计算2018～2020年各项产业扶持政策的兑付金额、受益次数、税收和营业收入，以此数据对经济效益指标进行评判加分。

2. 社会效益指标评价。根据企业提供的每年增加的从业人数和平均工资增长情况加以评价。

3. 可持续性指标评价。采用企业发展力和企业培育力两个指标来衡量产业扶持政策是否产生可持续性影响。

4. 服务对象满意度指标评价。

五、政策评价结果与发现的问题

1. 政策评价结果。本次评价总得分××。××区现行的产业扶持政策绩效总体良好。指标评价法在评价标准、分值比重、评分等方面有一定主观性，因此，现行的产业扶持政策绩效评价应重在发现问题和提出改善对策。

2. 评价中发现的问题。评价小组在评价过程中发现××区现行的产业扶持政策存在一些问题，具体如下：

（1）现行的产业扶持政策缺乏统一政策框架。

（2）现行的产业扶持政策作用重点与未来五年产业发展战略目标和主要任务不相适应。从过去××年的政策兑现情况看，产业扶持政策重点作用在总部经济、商贸流通等领域。未来五年产业扶持政策应根据××区经济发展战略目标而调整扶持重点。

（3）现行的产业扶持政策更新不及时，奖补事项与企业需求不一致等。

（4）现行的产业扶持政策的措施和手段单一。现行的产业扶持政策主要采用财政税收措施，例如现金奖补、贷款贴息、政府采购、纳税奖励等产业扶持政策可采用经济、行政、法律等措施，有政府直接投资、政府管制、物资调配等方式，还可采用财税政策、金融政策、工资政策、价格政策等手段。优化组合使用各种措施、方式和手段是有效实施产业扶持政策的关键。

六、××区现行的产业扶持政策调整与发展建议

......

七、附件

图表、问卷、调研座谈的照片等。

政策事后绩效评价采用指标法，各项指标的得分多少以及总分多少并不是评价的目的和关键所在，评价的关键在于借助各项指标来发现现行的政策是否存在问题。要想发现现行政策实施过程中存在的问题就必须仔细、认真做好问卷调查、资料收集与分析，了解当地经济发展战略目标和经济形势变化。政策评价的意义和价值主要是对发现的问题提出相应的有益调整建议。

第二节　制度绩效管理案例与分析

笔者认为，并非所有的制度都需要进行预算绩效评估和评价，但是涉及财政收支的制度，比如财政体制是需要进行预算绩效管理的。制度绩效管理的重点在于事后绩效评价，因为通常情况下制度的制定是经过大量调研与调查后制定的，事前绩效管理主要帮助制定者更加注重制度的绩效目标管理。本书以县与镇街的财政体制为例进行分析。

一、财政体制事前绩效评估案例与分析

本案例涉及的县与镇街的财政体制具体包括收入划分、体制分成办法、激励机制和其他4个组成部分。通常情况下，县与镇街财政体制的修订会事前做充分的调研，然后再进行修订。财政体制的事前绩效评估实际上是召集各方面的专家对所修订财政体制的绩效问题再进行论证。本案例设计主要包括评估流程、评估指标体系。

（一）财政体制事前绩效评估流程

通常情况下，财政部门会委托第三方针对财政体制的实施进行调研，然后基于以往实施过程中存在的问题进行制度修正。在正式颁布实施之前，如果财政部门组织对修订的财政体制进行论证，那么论证会实际上就是财政体制事前绩效评估。论证会的具体流程可参考如下：

1. 财政部门确定论证会时间、地点、参加人员；

2. 财政部门通知参会人员参会、发送论证材料，如修订的财政体制、财政体制的事前绩效目标等；

3. 召开论证会，参会专家提出意见建议；

4. 财政部门或第三方机构修改财政体制及事前绩效目标。

（二）财政体制事前绩效评估指标体系

为了使新修订的财政体制更为有效地实现基本公共服务均等化及其他财政目标，财政部门需要在实施前对新修订财政体制制定一个事前绩效目标。财政体制事前绩效评估指标体系包括体制设计、体制产出和体制效果 3 个一级指标。

1. 财政体制设计指标包括体制设计依据和体制设计的财政目标 2 个二级指标。财政体制设计依据指标主要是考量体制修订是否充分考虑国务院、省政府、市县政府有关镇街发展的宏观政策、规划和制度文件。财政体制设计的财政目标主要是考量体制修订是否明确了实现财政管理的规范、公平、效率等目标。

2. 财政体制产出指标包括产出质量和数量 2 个二级指标。财政体制产出的质量指标主要考量体制实施后镇街收入结构是否较为均衡，是否出现镇街收入两极分化严重现象，是否有些镇街收入无法维持"三保"支出的需要，是否出现有些镇街收入"民生支出"的缺口很大而有些镇街经常有较大的财政盈余，人均财政投入是否提升等。财政体制产出的数量指标主要考量在体制实施后保证"三保支出"的镇街数、保障"民生支出"的镇街数、年度财政收支平衡和有盈余的镇街数、全县人均财政投入水平（此指标可以再细化，比如人均义务教育投入水平、人均医疗支出水平、人均文化体育支出水平、人均科技支出水平等）。

3. 财政体制效果指标包括经济效益、社会效益、生态效益、可持续性影响 4 个二级指标。

（1）财政体制的经济效益主要考量经济是否能稳定发展、是否能高质量发展、是否能提供较好的营商环境等，可采用质量和数量指标。经济效益的质量指标可以采用经济结构指标，比如三产结构、高新技术产值占比、污染产业产值比重等来衡量，经济效益数量指标可采用平均经济增长率、达到平均经济增长率的镇街数等来衡量。

（2）财政体制的社会效益指标是主要的事前绩效指标，可设置包括教育、文化、体育、科技、医疗卫生等在内的民生方面的数量和质量二级指标，比如人均义务教育投入、达到人均义务教育投入的镇街数、人均医疗卫生投入、达到人均医疗卫生投入镇街数。

（3）财政体制的生态效益指标主要考量财政体制能否保障生态环保投入、能否持续改善生态环保指标等，可用街镇平均生态环保投入水平、镇街各项生态环保指标是否达标等来衡量。

（4）可持续性影响指标主要考量财政体制对各镇街财政可持续性影响，具体可按各项财政支出设置可持续性指标进行评估。

理论上，财政体制事前绩效评估指标的设置越细致越能体现出其目标的指向性，但在实际操作时财政体制事前绩效指标设计过细会限制制度的灵活性。因此笔者建议，财政体制事前绩效指标要基于目标和问题导向，设计关键绩效指标而非面面俱到。关键绩效指标主要包括财政管理、财政目标（公平、效率）、民生等领域的关键指标。

二、财政体制事后绩效评价案例与分析

财政体制事后绩效评价不仅是总结制度实施的效益，还有益于发现制度

实施中存在的各种问题。本部分内容主要包括镇街财政体制事后绩效评价流程、指标体系设计和评价报告概要。

（一）镇街财政体制事后绩效评价案例概况和流程

笔者选择的镇街财政体制包括固定分成、增量分成、城建税返还和重大招商项目分成、小城镇财政体制等内容。其中固定分成以各镇（街道）上年度地方财政收入剔除应上解上级及土地增值税、城建税后部分为计算依据，分别按××、××、××三档比例计算。

增量分成以各镇（街道）上年度地方财政收入剔除应上解上级及土地增值税、城建税后部分为计算依据，超过上年度增长××以上部分，按××%比例给予增量分成；超过××以上部分，按××比例给予增量分成。

城建税返还规定城建税返还用于辖区内基础设施建设、新农村建设和环卫保洁、家园清洁。当年城建税剔除应上解上级后，全额返还；当年城建税剔除应上解上级后，按××返还。

重大招商项目分成规定市级重大项目税收收入按××%计入镇（街道）收入分成口径。

小城镇财政体制：根据市政府《关于开展小城镇综合改革建设试点的实施意见》，A1、A2、A3、A4四镇以20××年地方本级收入为基数，按××%比例给予固定分成；当年新增地方本级收入，剔除上解上级、土地增值税及对试点镇区域内企业拨付、奖励部分后全额返还，城建税剔除应上解上级后全额返还。

镇街财政体制事后绩效评价的具体流程如下：

1. 财政部门确定需要评价的镇街财政体制后，进入招投标程序；

2. 以招投标方式确定评价机构；

3. 评价机构拟定评价方案和绩效评价指标体系；

4. 评价机构到各镇街财政所座谈、收集资料，进行问卷调查；

5. 撰写评价报告；

6. 提交评价报告给财政部门，财政部门反馈意见；

7. 评价机构根据反馈意见修改报告；

8. 定稿。

在涉及镇街数不多的情况下，镇街财政体制事后绩效评价的现场调研不需要花费太多时间，也无须专门选择调研对象，然而有的县下设十几个镇街，那么评价小组首先要对镇街按政治、经济和社会文化等标准进行分类，其次对每类镇街选择典型个体来调研。

（二）镇街财政体制事后绩效评价指标体系设计

镇街财政体制事后绩效评价指标体系的设计相较于事前绩效指标设计要复杂得多。从预算绩效评价类型看，镇（街道）体制分成绩效评价属于整体评价，换言之，镇街财政体制事后绩效评价指标设计要能涵括财政支出各个方面的绩效。根据镇街主要财政支出内容，本案例分别设计农业支出、教育支出、科技支出和城乡事务支出的投入、过程和产出的事后绩效评价指标体系。评价指标体系是按照"投入、过程、产出和效益"四个部分进行设计。其中，笔者将"过程"指标中具有共性的明细指标和"效益"指标二者放在一起并设计为"综合指标表"。再将过程指标中具有个性化的明细指标、投入指标和效益指标按农业支出、教育支出、科技支出和城乡社区支出分别设计四张指标表，具体指标设计如下：

1. 综合指标表。综合指标表主要包括过程指标和效益指标 2 个一级指标。过程指标主要是财政管理指标，效益指标涉及农业支出、教育支出、科技支出和城乡事务支出的部分共性指标。

过程指标包括预算编制规范性、财政绩效管理、预算收支平衡、县级对镇街的财政管理、预算透明度 5 个二级指标。预算编制规范性包括预算表格完整性、预算表格细化率 2 个三级指标；财政绩效管理包括绩效目标编报率和专项支出绩效评价覆盖率 2 个三级指标；县级对镇街的财政管理包括对镇街的财务信息备份、对镇街的业务指导、对镇街资金使用情况监管 3 个三级指标；预算透明度包括政府部门公开网站更新情况、三公经费公开情况、政府预决算公开情况 3 个三级指标。

效益指标包括综合经济效益、综合社会效益、综合环境效益和可持续性影响 4 个二级指标。综合经济效益包括人均 GDP 增长率、常住人口增长率、新增企业数量、各类公共财政支出就业变动系数、各类公共财政支出对 GDP 的弹性系数、各类体制分成支出对体制分成支出的弹性系数 6 个三级指标。综合社会效益指标包括社会公众文化素质水平、犯罪率、城镇化率和城镇登记失业率 4 个三级指标。综合环境效益包括绿化覆盖率、污水处理率、垃圾回收利用率和节能减排降耗率 4 个三级指标。可持续性影响指标包括连续三年平均财政总支出增长率、连续三年平均镇街体制分成资金增长率、连续三年平均财政总收入增长率 3 个三级指标。

2. 农业支出指标表。这部分指标包括投入指标、过程指标和产出指标 3 个一级指标。其中，投入指标包括投入规模、投入比重和投入增速 3 个二级指标。投入规模包括人均体制分成农业支出和农业用地规模 2 个三级指标；投入比重包括农业财政总支出占 GDP 比重、体制分成农业支出占体制分成比重、体制分成农业支出占农业总财政支出比重 3 个三级指标；投入增速包括体制分成农业支出增长率和农业保护水平 2 个三级指标。

过程指标包括资金管理效率和资金使用情况 2 个二级指标。资金管理效率包括资金到位率和资金使用率 2 个三级指标；资金使用情况包括农业科研费用占支农支出比重、农村扶贫支出、病虫害控制经费支出、农村道路建设经费支出、气象监测与防灾救灾经费支出、人均第一产业支出 6 个三级指标。

产出指标包括数量指标和质量指标 2 个二级指标。数量指标包括农民人均纯收入和农民人均纯收入增长率 2 个三级指标；质量指标包括第一产业产值增长率和贫困人口增长率 2 个三级指标。

3. 教育支出指标表。这部分指标包括投入指标、过程指标和产出指标。其中，投入指标包括投入规模、投入比重和投入增速 3 个二级指标。投入规模包括各级生均体制分成教育支出 1 个三级指标；投入比重包括体制分成教育支出占 GDP 比重、体制分成教育支出占体制分成支出比重、体制分成教育支出占教育财政支出比重 3 个三级指标；投入增速包括体制分成教育支出增长率和生均体制分成教育支出增长率 2 个三级指标。

过程指标包括资金管理效率和资金使用情况 2 个二级指标。资金管理效率包括资金到位率和资金使用率 2 个三级指标；资金使用情况包括教育事业费支出占体制分成教育支出比重、公用经费支出占教育事业费支出比重、人员经费支出占教育事业费支出比重、各级体制分成教育支出占体制分成教育支出比重、各级生均体制分成教育支出占教育财政总支出比重 5 个三级指标。

产出指标包括师资力量、学生培养和办学条件 3 个二级指标。师资力量包括生师比和专任教师中具有硕士及以上学位的比例 2 个三级指标；学生培养包括每万人口在校学生数、各级教育入学率、各级教育毕业率、各级教育升学率、选用省级及国家级精品课程数 5 个三级指标；办学条件包括每万人口学校数和达到省标准化建设学校数 2 个三级指标。

4. 科技支出指标表。这部分包括投入指标、过程指标和产出指标。其中，投入指标包括投入规模、投入比重和投入增速 3 个二级指标。投入规模包括人均体制分成科技支出 1 个三级指标；投入比重包括体制分成科技支出占 GDP 比重、体制分成科技支出占体制分成资金比重 2 个三级指标；投入增速包括体制分成科技支出连续三年平均增长率、科技支出发展潜力 2 个三级指标。

过程指标包括资金管理效率和资金使用率 2 个二级指标。资金管理效率包括资金到位率和资金使用率 2 个三级指标；资金使用率包括培训费占体制分成科技支出比重、设备支出占体制分成科技支出比重、人员经费占体制分成科技支出比重、科普活动经费支出总额 4 个三级指标。

产出指标包括数量指标和质量指标 2 个二级指标。数量指标包括科普场馆万人拥有率、高级职称人才比例、高学历人才比例、科普活动次数、对外科技交流与合作次数 5 个三级指标。质量指标包括国家级（包括国际合作与国防项目）纵向科研项目承担率、项目成功率、实施科技创新人才项目数、取得科技创新成果数量、实施高新技术产业化项目数量 5 个三级指标。

5. 城乡社区支出指标表。这部分包括投入指标、个性化过程指标和产出指标。其中，投入指标包括投入规模、投入比重和投入增速 3 个二级指标。投入规模包括人均体制分成城乡社区支出 1 个三级指标；投入比重包括体制分成城乡社区支出占体制分成支出比重、体制分成城乡社区支出占城乡社区财政总支出比重 2 个三级指标；投入增速包括体制分成城乡社区支出增长率、人均体制分成城乡社区支出增长率、体制分成城乡社区支出和财政支出各自增长率的比率 3 个三级指标。

过程指标包括资金管理效率和资金使用率 2 个二级指标。资金管理效率指标包括资金到位率、资金使用率、人员经费支出占体制分成城乡社区支出比重、镇街城管执法支出、镇街环境卫生支出 5 个三级指标。

产出指标包括数量指标和质量指标 2 个二级指标。数量指标包括人均拥有道路面积、镇街排水管道密度、公交站台数量、每万人拥有公交数量、房屋排危率、人均公园绿地面积、街道环卫人数/清扫次数（日）、垃圾回收站数量、经济发达镇体制改革完成情况、石材退改项目完成率 10 个三级指标。质量指标包括镇街形象 1 个三级指标。

（三）镇街财政体制事后绩效评价报告概要

镇街财政体制事后绩效评价报告主要包括绩效评价说明、镇街体制分成基本情况、镇街财政体制绩效评价指标设计、镇街财政体制分成的绩效分析、评价结论与对策建议、附件等。

××县镇（街道）体制分成绩效评价报告

一、绩效评价说明

此部分主要说明本次评价目的、评价依据、评价范围、评价对象、评价方法、评价信息来源等。第三方提交的正式评价报告应包括此部分，但如果委托评价单位把评价报告作为内部管理的用途，那么此部分也可以省略。具体撰写内容可参考如下。

××研究中心接受××县财政局的委托，严格遵守客观、公正、独立原则，对 20××年××县镇（街道）体制分成绩效进行评价。本次评价活动的目的、依据、范围、对象、方法方式、数据来源说明如下：

1. 评价目的：对20××年××县镇（街道）体制分成进行绩效评价是为了贯彻党的十九大提出的"全面实施绩效管理"精神，是为了更加全面、清晰、深刻地了解20××年形成的××县对镇（街道）财政管理体制方案的绩效，分析其目前存在的问题并提出修正建议。

2. 评价依据：本评价的依据是《××县人民政府转发市财政局关于全面推进预算绩效管理意见的通知》《××县财政局关于印发〈××市财政支出绩效评价管理规定〉的通知》《××县财政局关于印发〈××县财政支出绩效评价管理规定〉的通知》等文件。

3. 评价范围：20××年体制分成所涉及的××县××个镇（街道）。

4. 评价对象：20××年××县镇（街道）体制分成绩效。

5. 评价方法：本评价采用指标评价法，对各街镇所提供的数据进行指标计算，进行空间上横向比较和时间上纵向比较，以此分析20××年××县镇（街道）体制分成的绩效和存在的问题。

6. 评价方式：本评价采用实地座谈、调研的方式收集数据信息材料。

7. 评价数据信息来源：本评价的数据信息来源是××县财政局预算科，国库科，××个镇（街道）提供的财政、农业、教育、城建等方面的数据资料。

二、镇街体制分成的基本情况

此部分主要介绍现行镇街财政体制和体制实施后的分成情况。

（一）××县现行镇街财政体制

目前××县实施的镇街财政体制是形成于20××年××月，具体包括收入划分、体制分成办法、激励机制和其他4个组成部分。其中体制分成办法包括镇（街道）财政体制、经济开发区财政体制、稳定调节基金、转移支付等××个部分。

镇（街道）财政体制由固定分成、增量分成、城建税返还等××部分构成。

固定分成以"各镇（街道）上年度地方财政收入剔除应上解上级及土

地增值税、城建税后"为计算依据，分别按××、××、××三档比例计算；

增量分成以各镇（街道）上年度地方财政收入剔除应上解上级及土地增值税、城建税后部分为计算依据，超过上年度增长××以上部分，按××比例给予增量分成；超过××以上部分，按××比例给予增量分成。

城建税返还：规定城建税返还用于辖区内基础设施建设、新农村建设和环卫保洁、家园清洁⋯⋯

（二）××县××个镇（街道）财政体制分成情况

此部分可采用图标方式，从总体和具体两个层面分析镇街财政体制分成情况⋯⋯

三、××县镇街财政体制分成绩效评价指标体系

此部分参照上文关于镇街财政体制事后绩效评价指标体系设计的内容。

四、××县镇街财政体制分成绩效分析

评价小组接受××县财政局的委托，就"20××年××县镇（街道）体制分成绩效进行评价"。6月和7月评价小组分别到××财政局、××镇政府、××镇政府、××镇政府、××镇政府进行实地调研、座谈，设计绩效评价指标体系，制作所需数据表格并转发给各镇财政所以便收集资料。评价小组将从各镇（街道）收集到的数据资料进行计算整理，详细见附录各表（本书省略）。评价小组认为，首先要把评价"20××年××县镇（街道）体制分成绩效"放到一个体制分成总体框架下进行评价，基于此点认识，评价要有投入、过程指标分析，要有产出与效益分析，还要有时间上的纵向分析，还要对××个镇街的体制分成支出绩效进行个案分析、具体支出项目绩效分析。但鉴于镇街和具体支出项目的数量大，评价小组主要就绩效突出和问题明显的部分进行典型性分析。

（一）20××年××县镇（街道）体制分成投入与过程指标分析

这部分主要分为投入指标和过程指标分析两大部分。投入和过程指标分析包括对相应的二、三级指标的分析及对典型镇（街道）的分析。

1. 投入指标分析：（1）投入规模。20××年××县××个镇（街道）

体制分成总计××万元，各镇（街道）具体体制分成收入参见表××。由于经济发展程度差异、分成体制差异等，20××年各镇（街道）体制分成呈现明显两极分化现象，镇（街道）的教育、城乡社区事务、科技等支出也呈现出两极分化特征。以教育支出为例，20××年体制分成的教育支出，从××、××、××等镇街的情况看，两极分化较为严重。20××年××体制分成的教育支出达到××万元，而××镇只有××万元。从20××~20××年的情况看，各镇（街道）体制分成的教育支出两极分化已经成为常态。两极分化的教育支出最终会导致基本公共服务均等化目标无法实现。（2）体制分成收入增长分析。20××年××县体制分成资金（××万元）较上一年度减少××。××个街镇中共有××个镇（街道）的体制分成资金总量增加，其中以××街道的增幅居首（××），最低增幅为××镇（××）；另外××个镇（街）的体制分成资金总量则减少，其中以××镇的减幅最大（−××），最低减幅为××镇（−××）。从表××中可以看出，农业、教育、科技、城乡社区事务这四项支出增减情况与资金总量增减情况大致吻合，仅××镇的情况例外。（3）人均体制分成支出分析。人均体制分成支出受到体制分成收入的影响，同时也受到镇（街道）人口总数（本次评价采用常住人口）的影响。评价小组整理收集到的数据后发现，一般情况下，××个镇（街道）体制分成居前列的，其人均体制分成支出排名也靠前，但如果常住人口较多，则人均体制分成支出较小。20××年××县的镇（街道）人均体制分成城乡社区支出，××镇为人均××元，××镇为人均××元，××镇为××元，而××镇为人均××元，××镇为人均××元。当然，××镇和××镇因为常住人口较少，20××年人均体制分成城乡社区支出分别达到××元和××元。

2. 过程指标分析：（1）预算编制规范。调研中，评价小组发现镇（街道）预算表格较为完整，预算表格细化率较高。但镇（街道）报送给市的预算收支明细表的编制不够规范，主要是分类过于粗略，镇（街道）体制分成支出主要分为城乡社区事务支出、教育支出、农业支出、科技支出四大类。镇（街道）治安、文化、体育等支出也归入城乡社区事务中。（2）财政绩效管理。镇（街道）尚未真正开展绩效管理。绩效目标编报率很低，且编报质量差。专项支出绩效评价覆盖率几乎为零。（3）预算收支平衡。20××年镇（街道）预算收支基本平衡，但一些经济发展较为落后的镇（街道）预算收支平衡即将成为问题，比如××、××镇等。(4) 市对镇（街道）的财政管理。市对镇（街道）的财政管理总体情况较好，但由于数字信息不能一体化，市对镇（街道）的财政信息不能实现实时、全面、系统掌握。（5）预算透明度。评价小组通过浏览中国××县官网发现，各镇（街道）的网页建设程度差异大，预算信息公开程度、及时性存在较大差异。(6) 体制分成的资金结构。××个镇（街道）体制分成资金在城乡社区事务、教育、农业和科技的投入比重分配上大体一样，比重由大到小分别是城乡社区事务支出、教育支出、农业支出、科技支出，从图××（图省略）20××年××和××镇体制分成资金分布情况图就可以窥见一斑。

（二）20××年××县的镇（街道）体制分成产出与效益指标分析

本部分采用各镇（街道）填报数字资料整体计算指标值，分产出指标和效益指标两部分，就典型的镇、指标的绩效和问题做分析。

1. 产出指标分析：（1）城乡社区事务支出产出指标。城乡社区事务支出产出指标很多，根据收集到的数据，评价小组主要评价部分镇20××年人均拥有道路面积、镇街排水管道密度、人均公园绿地面积等指标值。

20××年镇街人均拥有道路面积。镇街提交资料不齐全，评价小组仅获得××、××、××、××等××个镇街资料，具体情况是：20××年镇街人均拥有道路面积方面，××街道是××平方米、××镇是××平方米、××镇是××平方米……尽管人均街道面积受到街道总面积和常住人口影响，但图××（省略）展示出的基本特征是体制分成收入多的镇，人均拥有道路面积较多。

20××年镇街排水管道密度。评价小组仅获得××个街镇资料。20××年××个镇街排水管道密度分别是：××镇××米/平方千米、××镇××米/平方千米……除了××镇情况较好，大部分镇街的排水管道密度水平较低。

20××年镇街人均公园绿地面积。评价小组仅获得××个镇街资料。图××（省略）显示20××年××镇人均公园绿地面积为××平方米，这一指标并未体现出"体制分成多则指标值大"的特征。

（2）教育支出产出指标分析。教育支出产出指标涉及面较大，评价小组选择生师比、专任教师中具有硕士学位及以上学位的比例、每万人在校学生数、达到省标准建设学校数等指标进行简单分析。

20××年生师比。评价小组从××个镇街20××年生师比数据中并未看到"体制分成收入高的镇（街道）生师比低"的现象。××个镇街中，××镇20××年生师比最高为40：1，生师比受到教育投入和学生数的影响。××镇体制分成收入一直在××个镇街排在前几名，镇政府也很重视教育投入，××镇教育质量也很高，高质量的教育吸引部分外来人口就读，这会导致生师比上升。

20××年专任教师中具有硕士及以上学位的比例。这一指标可以反映出学校师资力量。从图××（省略）可见，××个镇街数据并未显示体制分成收入高的镇街学校在这一指标上具有优势，最高为××镇，比例为××%。总体上看，××县的镇街学校专任教师中具有硕士及以上学位的比例还是比较低。

20××年每万人在校学生数。图××显示（省略），××个镇街每万人在校学生数与体制分成收入高低关系不明显，比如××镇20××年每万人在校学生数排在××个镇街的前五位，为××人。如果从学校数来评价这一指标，一些镇街村小学过多，这直接导致学校的学生太少，直接结果是教育资源分散，财政资金效益低下。

（3）农业支出产出指标分析。以下分析的分别是第一产业产值增长率、农民人均纯收入、贫困人口减少率3个指标。

第一产业产值增长率。××镇第一产业产值增长在20××年发生逆转，其他3个镇这一指标都呈现下降趋势，××镇一直是负增长。第一产业产值增长率下降并不能直接说明财政绩效的好坏。评价这一指标还要考虑镇街第一产业的比重以及镇街产业发展规划等因素。

（4）科技支出产出指标分析。各镇街在科技方面支出较少，相较城乡社区事务支出、教育支出、农业支出，科技支出甚至可以忽略不计。因此科技方面绩效很少。从图××（省略）的引进科技人才总数情况来看，20××年××镇人才引进是较为突出的，其次是××镇。

2. 效益指标分析。

（1）常住人口增长率。从××、××、××和××四镇情况看，20××年××、××、××三镇常住人口略有上升，而××镇略有下降。

（2）规模以上企业数。图××（省略）显示：20××~20××年××、××和××三镇的规模以上企业数较为稳定，而××镇在20××年有较大增加。

（三）20××年××县镇（街道）体制分成绩效评价中发现的问题

通过收集资料和调研分析，评价小组发现××县现行镇（街道）体制分成体制的绩效较为明显，但也存在一些问题，比如现行财政管理体制形成的镇（街道）财力两极分化特征明显；镇（街道）各部门缺乏明确的战略管理，部门支出缺乏明确战略管理目标指引；镇（街道）政府信息透明度建设有待提高；镇街的基本公共服务均等化还有待进一步努力实现；财政资源分配结构尤其是教育资源分配结构还有待进一步优化；镇（街道）政府会计还属于"核算加反映"类型而非管理会计型——提供各种信息帮助提高财政管理效率；实施全面绩效管理的软硬件条件还较为匮乏等。评价小组对这些问题做简单分析：

1. 现行财政管理体制造成镇（街道）财力两极分化。数据显示：20××~20××年体制分成收入排名前几位的一直是××镇、××镇、××镇、××镇和××镇。其中××、××、××三镇执行市政府《关于开展小城镇综合改革建设试点的实施意见》，××镇属于全国经济发达镇行政管理体制改革试点镇，每年有××万元的专项经费。可见，现行财政管理体制形成的镇（街道）财力两极分化现象已经固化。如果现行财政管理体制不修改，那么××个镇街财政体制分成收入的"马太效应"将随着经济发展进一步扩大，由此将影响镇街基本公共服务均等化目标的实现。

2. 镇（街道）财政管理体制的激励效应弱化。20××年××县××个镇（街道）财政体制分成资金增长率为正的有××个，分别是……其中体制分成资金增长率超过10%仅有××个镇。××等镇20××年体制分成资金增长为负，负增长达到–10%以上的有××个镇，××镇和××镇分别为–40.97%和–41.83%。镇（街道）体制分成资金增长率下降有宏观经济不景气的客观原因，但财政管理体制的激励效应转弱也很明显：20××年体制分成收入排名前几位的是××镇、××镇、××镇、××镇、××镇和××镇（具体排名在不同年份略有变动），在20××年体制分成收入增长率超过10%的只有××镇和××镇。而××镇和××镇20××年体制分成收入增长率为负，分别为–××和–××。

3. 部门支出和部门专项安排还需要进一步优化。评价小组调研发现，××个镇（街道）都没有编制"五年规划"，镇（街道）各部门未编制"五年规划"，部门发展缺乏明确的战略目标。镇（街道）部门安排专项主要在年底根据财力情况编报计划。由于××镇的"十三五"规划并不能详细规划各个镇（街道）未来各方面的发展，镇（街道）缺乏战略管理，各部门发展也是缺乏战略管理，部门支出和部门专项安排还不够优化，未能根据中长期经济、社会、文化等方面发展定位来安排项目支出。比如在有限的财力下，各镇（街道）主要是将资金用于城乡社区事务、教育和综治。但即使将大部分支出用于城乡社区事务，城乡社区事务的缺口仍然很大。如果镇（街道）能综合考虑长期发展规划、财力现状和项目轻重缓急，体制分成收入的分配比重是可以做适度调整的；比如各镇街在城乡社区事务、教育、科技项目支出上的侧重点存在较大差别，这从上述各类支出产出指标绩效分析中可见；再比如，镇（街道）都安排一定资金用于发展农业，但有些镇（街道）注重特色农业建设，有些镇（街道）农业发展并没有特色。镇（街道）在安排项目支出时要考虑项目的特色、绩效等。

4. 镇（街道）政府信息透明度建设有待提高。××县镇（街道）的网页设置在中国××县官网内。在××县官网－政务公开－镇政府、街道办事处网页里，评价小组发现××个镇（街道）网页建设程度迥异，政策、法规、法令、财政预决算等信息公开程度差异大。总体上看，居民很难从镇（街道）政府网页获取充分政策信息。在被调研的××个镇里，评价小组发现，各镇（街道）政府行政服务中心对外披露政策信息程度和方式存在差异，有些镇（街道）政府一楼是行政服务中心，行政服务中心大厅有电子显示屏，电子显示屏随时滚动播放政策信息，有的镇并未有这些措施。可见，××县镇（街道）政府信息透明度建设还有待进一步提高。

5. 教育资源分配不够合理。数据显示，从财政收入总额看，现行财政管理体制形成的镇（街道）财力并不大，即使是排名前六的××等镇，它们的体制分成收入也不能满足其当年财政支出的需要。镇（街道）有限的体制分成收入要在农林水、教育、综治、城乡社区事务、科技及其他方面分配，由于缺乏科学战略管理，财政资源分配结构不够科学合理，尤其是教育资源在镇街之间的分配形成巨大差异。

6. 镇街之间基本公共服务均等化目标未实现。20××年国务院印发《"十三五"推进基本公共服务均等化规划》，规划指出，基本公共服务均等化的核心不是简单平均化，是促进机会均等，重点是保障人民群众得到基本公共服务的机会。基本公共服务包括基本公共教育、基本劳动就业创业、基本社会保险、基本医疗卫生、基本社会服务、基本住房保障、基本公共文化体育、残疾人基本公共服务等。目前，××县九年义务教育采用的是市、镇、村三级共同负担模式，各镇（街道）的财政也将教育支出作为本级财政支出的重点，但由于各镇（街）财力差异较大，各镇（街道）教育支出差异悬殊，这导致镇（街道）之间教育基本公共服务均等化难以实现。此外，镇（街道）财力差异也影响基本劳动就业创业、基本公共文化体育、基本社会服务等方面均等化的实现。

7. 预算绩效管理制度与措施缺乏。从20××年开始，××县财政局重视预算绩效管理工作，而镇（街道）预算绩效管理到本次评价工作开始还是一片空白。镇（街道）对预算绩效管理从何做起是一无所知。实际上，预算绩效管理是政府全面绩效管理的一部分，它将推动公共部门从战略管理、内部控制、成本管理到绩效管理等一系列公共管理变革，从而提高财政资金使用绩效，提升公共管理水平，实现政府治理现代化。从镇街财政所地位、人力与财力角度看，镇（街道）预算绩效管理无法依靠财政所顺利推进。目前，尽管××县政府和财政局都已经高度重视预算绩效管理工作，但预算绩效管理工作停留在形式上的更多些，即填报绩效目标表、预算执行监控表和绩效自评表等，而相应的具体的规范和支持制度、文件和措施还有待出台。

8. 政府会计建设存在的问题。政府会计建设的问题主要包括两大方面：政府会计制度建设和政府会计组织实施问题。现有政府会计制度主要是满足"控制型预算"对资金安全性、合规性的核算与反映，近几年财政部努力推动政府会计制度的变革，2019年1月1日《政府会计制度——行政事业单位会计科目表和报表》正式实施。政府会计改革还在继续，改革会越来越有利于全面绩效管理工作开展。政府会计组织的问题主要是会计人员素质、数量、机构设置、职能等方面的问题。评价小组调研发现：（1）镇（街道）政府会计主要职能是财政资金使用的合规性、合法性核算、监督、反映，缺少且也不具备管理会计职能。（2）很多镇（街道）政府部门只设立报账员，政府部门会计核算采用集中核算方式。集中核算确实节省大量人力，但会计与业务基本上是完全分离状态，这使得全面绩效管理失去会计的大力支持。（3）有些镇（街道）政府部门会计核算是由财政所负责，财政所人员不足，甚至部分财政所人员还兼任村干部等职务，会计核算力量薄弱，财政所无法指导或者配合政府业务部门做好预算绩效管理，更谈不上提供大量财务信息帮助政府部门开展全面绩效管理。（4）不少镇（街道）政府会计核算人员文化素质不高，且流动性大。这些问题不利于预算绩效管理工作开展。

9. 政府数据信息系统建设比较落后。在制定评价指标体系后，评价小组罗列所需城乡社区事务、教育、农业与科技等方面的数据信息，并将所需数据信息发各镇（街道）填写。然而，收集数据信息所花费时间需要一个多月，且所收集的信息是参差不齐的，有些镇街甚至都未提供信息，有些镇街提交的表格几乎是空白，有些镇街提供的信息不齐全。镇（街道）政府部门缺乏数据信息系统并非××县特有，是目前公共部门管理中的普遍现象。政府数据信息系统缺失是预算绩效管理工作开展的主要障碍之一。

五、评价结论与对策建议

（一）评价结论

本次评价指标体系由五部分组成，分别是综合指标体系、农业指标体系、教育指标体系、科技指标体系和城乡事务指标体系。其中，综合指标体系包含财政管理指标和综合效益指标。农业、教育、科技和城乡社区事务指标体系均下设投入指标、过程指标和产出指标。考虑到体制分成资金绩效评价的特殊性和实际情况，评价小组并未严格采用"投入、过程、产出为30%、30%和40%"的比例分配权重。考虑到镇（街道）体制分成资金的分配情况、镇（街道）政府工作重点，评价小组赋予城乡社区事务和教育较高权重，两者分别是××和××；赋予农业和科技两部分权重分别是××和××，综合指标权重××。

本次评价收集数据截至20××年××月××日，由于镇（街道）数据不全，评价小组将数据不全的××个镇（街道）的指标删除，具体详见表××（省略）。评价小组给每个指标设置评分标准，并根据计算的指标值给予评分，××县体制分成资金绩效评价综合得分为××分，成绩良好。各部分得分情况见表××（省略）。

（二）对策建议

根据上述分析，评价小组提出几条对策建议以供参考：

1. 根据实际情况修订、调整现行财政管理体制。鉴于现行财政管理体制导致了镇（街道）财力两极分化、激励效应弱化等现象，评价小组建议：尽快着手修订、调整现行财政管理体制。修订、调整现行财政管理体制要注意几点：（1）修订后的财政管理体制要有一定激励效应；（2）改变镇（街道）财力两极分化现状；（3）保障低体制分成收入的镇（街道）基本财力需要；（4）增加稳定调节基金的份额，确保镇（街道）基本公共服务均等化的实现和城乡平衡发展。

2. 要有战略管理，要优化统筹安排项目支出。"战略管理"是指管理要有中长期规划。镇（街道）政府、政府部门并未根据自身实际情况在××县"五年规划"框架下制定政府和部门的"五年规划"。缺乏战略管理的部门支出和部门项目支出安排还有很多优化空间。比如教育方面，镇街政府都很重视教育支出，但教育支出多的镇街不一定具有好的绩效指标值，例如，专任教师中具有硕士及以上学位的教师数、达到省标准建设的学校数等。镇街政府、部门的项目安排要保障基本公共服务均等化的实现，要首先考虑支出的基本产出指标和效益指标，要考虑财力具体情况，根据项目轻重缓急进行安排。

3. 加强镇（街道）政府信息透明度建设。政府信息透明度是一项关于现代公共财政制度、现代政府治理的重要指标。政府信息透明度的提高将有利于预算绩效管理的推进，有利于全面绩效管理的开展，镇（街道）政府和政府部门对此要高度重视。目前提高镇（街道）政府信息透明度的重要举措之一就是建设好××市官网—政务公开—镇政府、街道办事处网页。镇（街道）要及时在网页发布政策、制度、文件等信息，公布财政部要求公开的预决算数据信息。此外，镇（街道）政府行政服务大厅要有电子触摸屏类似设备以供居民查询政策、制度、文件等信息。

4. 整合优化教育资源。有限的财力分散使用是无法实现资金使用效益的。镇（街道）财力很有限，要实现每村都有优质小学的目标是不现实的。更何况许多村的人口并不多，学生数不够，以学生数较多的村小学合并其他村小学、实现小学规模化运行很有必要。考虑到小学合并后会带来一些村居民小孩上学的不便，建议可以通过校车接送来解决该问题。此外，要优化具体教育项目支出，教育支出要注重教师素质与水平的提高，要注重学生素质教育，要办出特色。

5. 努力实现基本公共服务均等化。××县和镇（街道）要明确基本公共服务均等化的内容和标准。镇（街道）体制分成收入首先要考虑基本公共服务均等化目标的实现，市财政对镇（街道）基本公共服务均等化目标的实现起到兜底作用。因此，评价小组建议修订财政管理体制，新修订的财政管理体制要能保障各镇（街）基本公共服务均等化目标的实现。预算稳定调节基金。

6. 进一步深化预算绩效管理改革。目前，××县政府已经高度重视，

××县财政局正积极推进该项工作。但预算绩效管理是新事物，具有很强的专业技术要求，是一项需要逐渐被熟悉、适应的改革举措。镇（街道）实施预算绩效管理要有市政府"顶层设计"做保障，要有市财政局专业辅导做支持，要有镇（街道）部门统一认识、全面参与做基础，要有强大的专业机构做外援。因此，市政府和财政部门要研究预算绩效管理实施路径，制定相关制度、措施保障预算绩效管理的实现，继而推动公共部门全面绩效管理的实施。

7. 提高政府会计服务预算绩效管理的能力。预算绩效管理与全面绩效管理都离不开政府会计的技术支持。政府会计制度深化改革属于顶层设计问题。镇（街道）在政府会计建设方面能做的是：（1）逐渐转变财政所职能，从"财务核算型"向"财务核算型与管理会计型"转变。财政所不仅要核算各部门财政资金收入、使用，还要进行数据整理、分析，为政府、政府部门决策提供有用信息。（2）适当增加财政所人员编制，或者多聘请合同制人员。（3）提高财政所人员的整体素质，要多创造条件与机会，让财政所人员多进行相关业务培训。（4）要让财政所和政府部门多进行沟通交流，努力做到"业财融合"。

8. 加大数据信息系统建设投入。数据信息系统是实现全面绩效管理的基础条件之一。目前政府部门数据信息系统建设落后是普遍现象。预算管理一体化信息系统开发与应用是推进全面预算绩效管理的重要措施。

| 第四章 |

部门单位整体绩效管理案例与分析

目前，部门单位整体绩效管理已逐渐成为全方位预算绩效管理的重点，尤其是部门单位整体绩效事前评估更是重中之重，而事中绩效监控也很重要。本章主要介绍教育部门、人事劳动部门和卫计部门等单位的整体绩效管理案例。

第一节　教育部门单位整体绩效管理案例与分析

教育部门单位整体绩效管理是指以教育部门某一年度所使用财政资金为管理对象进行全过程的绩效管理活动，具体包括教育部门事前绩效评估、事中绩效监督、事后绩效评价。教育部门所使用的资金涉及大学、中学、小学、学前教育、特殊教育、电大进修学校教育支出、教育管理事务支出等。根据公共财政理论，学前教育、中小学教育支出首先要特别重视支出均等化，即支出的公平性。其次是要关注培养质量；高中教育支出要关注支出与当地财力的匹配性，要注重高中教育支出的社会效益，关注高中教育支出的培养质量等；大学教育支出要关注培养质量和社会效益；电大进修学校教育支出要重视投入产出效应，要重视教育社会效益。鉴于目前预算绩效管理实践现状，本书仅探讨如何做好教育部门单位整体绩效事前评估和事后绩效评价，不讨论如何执行事中绩效监督。

目前，福建省地方财政部门已经尝试实施项目预算绩效事前评估，一些地方财政部门的项目事前评估工作已经积累较多经验，比如漳州市财政局聘请专家对项目预算及绩效目标进行评估，合理的评估结果为财政部门采纳、应用。对新增重大项目和政策，××县财政局组织人大代表、社区代表、专家参与项目预算绩效事前评估，评估结果被用作预算安排的参考依据。但是，目前我国地方政府的部门单位整体绩效事前评估的实践尚在探索阶段，典型案例很少。因此，本书依据《中共中央 国务院关于全面实施预算绩效管理的意见》《中华人民共和国预算法》《中华人民共和国预算法实施细则》及财政部颁发的预算绩效管理相关文件等研究探讨如何开展部门整体绩效事前评估工作。至于部门单位整体预算绩效事后评价，本书根据实践案例加以修改设计，介绍评价流程、评价指标体系和评价报告。

一、教育部门单位整体绩效事前评估案例与分析

由于缺乏典型实际案例，本书将根据相关法律、制度和文件规定设计教育部门单位整体绩效事前评估流程，探讨事前评估绩效指标体系，设计事前绩效评估报告。

（一）教育部门单位整体绩效事前评估流程

教育部门单位整体绩效事前评估可分为单位自评估和财政部门组织评估。单位自评估可以由单位自己组织内部力量进行评估，也可以委托外部力量进行评估。本书所说的教育部门单位整体绩效事前评估流程是指单位委托外部力量进行评估和财政部门组织评估的流程。具体流程如下：

1. 教育部门或财政部门组织专家准备进行教育部门单位整体绩效评估；

2. 教育部门准备事前绩效评估材料，分别寄给专家案头审阅；

3. 教育部门或财政部门组织专家现场评估，教育部门现场答辩；

4. 教育部门事后补充材料，专家现场调研、座谈，收集相关资料和评估信息；

5. 专家撰写事前绩效评估意见；

6. 教育部门可根据事前绩效评估意见进行反馈；

7. 专家确定并提交事前绩效评估意见；

8. 财政部门把事前绩效评估意见作为预算安排参考。

教育部门单位整体事前绩效评估专家包括教育行业人士、当地人大代表、预算绩效管理专家等。事前绩效评估材料包括当地教育发展规划、教育部门本年度预算、预算绩效目标及相关说明等。专家撰写的事前绩效评估意见要对教育部门本年度教育预算结构，具体项目支出规模，绩效目标明确性、合理性等给出明确的意见，评估意见的最后还要给出一个总体性的意见，或为无意见通过，或为有意见修改通过，或为有意见不予通过。

（二）教育部门单位整体事前绩效评估指标体系

事前绩效评估指标体系的讨论是很有必要的，既能帮助部门单位设计事前绩效指标体系，也有利于事前绩效评估专家进行事前绩效评估。教育部门单位整体支出涉及多层次教育，各层次教育考核指标存在明显差异，事前绩效评估指标体系的产出指标构建要分层次择取相应的关键指标组成。本书按部门支出决策、部门支出产出、部门支出效果 3 个一级指标设计教育部门单位整体事前绩效评估指标体系。部门过程一级指标无须在事前绩效指标体系中出现。

1. 教育部门单位整体支出决策指标。该一级指标包括单位整体支出决策依据、是否符合公共财政目标、支出的绩效目标、资金预算与分配等二级指标。其中：

（1）单位整体支出决策依据二级指标主要评估单位预算是否依据国家、省、市（县）教育发展规划、年度计划以及教育相关法规、法令和制度等编制。（2）是否符合公共财政目标指标主要评估单位预算编制是否为公共财政支持范围，是否符合公共财政的效率和公平目标。专家要评估教育部门单位整体预算支出是否符合公共财政扶持范围及效率、公平目标，就必须仔细了解教育支出结构是否合理，各层次教育支出规模是否符合教育发展目标。如果涉及新建学校，专家应要求教育部门提交新建学校可行性报告。对新建学校，专家要关注新建学校标准、选址以及新建必要性等方面是否合理。如果标准超过当地财力水平，新建学校就存在标准不合理问题。如果学校选址不合理，例如学前教育学校建在新建居民小区旁，专家就要关注选址是否公平。(3) 支出的绩效目标指标主要评估教育部门单位整体支出的绩效目标和目标标准的明确性、合理性。据此，支出的绩效目标指标下可再设置绩效目标明确性和合理性 2 个三级指标。(4) 资金预算与分配指标主要评估教育支出结构是否合理，各层次教育支出规模是否符合教育发展目标；评估各项教育支出是否达到法定标准，或者实现基本公共服务均等化目标；评估教育支出预算编制是否有科学、合理的标准，是否有充分的预算编制依据等。该二级指标可下设预算编制科学性和资金分配合理性 2 个三级指标。

2. 教育部门单位整体支出产出指标。该一级指标下设数量指标、质量指标、年度投入 3 个二级指标。数量、质量和年度投入指标下将各层次教育设为三级指标，比如学前教育、小学、初中、高中、职业中专、大学教育等。各层次教育三级指标下设关键指标为四级指标。

(1) 产出数量指标。比如学前教育的产出数量指标可设为学校数（评估学校数是否能满足入学需要，学校选址是否合理等）、入学学生数（评估是否能满足当年学龄儿童需要，学校入学人数是否合理）、在校学生数（评估在校学生数规模是否合理）、毕业学生数（评估当年度大班学生是否及时、顺利毕业）等；比如小学教育的产出数量指标可设为学校数、入学学生数、在校学生数、毕业生数、学生获奖数、教师获得荣誉数、教师发表论文和专著数等。(2) 产出质量指标。比如小学的产出质量指标可设为生师比、生机比、每生拥有图书量、教师交流数、德体美劳教育（是否有德体美劳教育课程，是否形成特色教育）；比如初中的产出质量指标可设为生师比、生机比、每生拥有图书量、生物物理化学实验室（是否按标准建立实验室，实验室是否能满足教学需求）、信息化建设、德体美劳教育、教师交流数等。(3) 年度投入指标。该指标主要评估年度投入是否能满足实现该层次教育发展计划目标的需要。

3. 教育部门单位整体支出效果指标。教育部门单位整体支出效果指标包括经济效益、社会效益、生态效益、可持续性影响和服务对象满意度 5 个一级指标。其中：教育部门单位整体支出的经济效益并不直接和明显，该指标可通过成本控制措施的实施而实现的单位支出节约来计量。教育部门单位整体支出的社会效益很明显，主要是通过提升当地居民文化水平来实现，可用小学、初中、高中等入学和毕业学生数来计量。教育部门单位整体支出的生态效益也不太明显，主要是评估信息化建设及其他措施实现无纸化办公等此类效应。可持续性影响主要是评估教育部门投入对教师队伍、教育资源的长期影响。服务对象满意度主要用于衡量各层次教育对象对当前教育服务供给的评价。

（三）××县教育局整体支出事前绩效评估报告

××县教育局整体支出事前绩效评估报告

一、××县教育局整体支出事前绩效评估对象

此部分主要介绍××县教育局管理科室设置和功能，教育局管辖的学前教育、小学、中学、大学、特殊教育等学校数、师资人数的具体情况，教育局整体支出的结构及各组成部分的金额等。

二、××县教育局整体支出事前绩效评估原则、依据和方法

此次事前绩效评估严格遵守独立、客观、公正的原则。事前绩效评估依据是《预算法》、2018 年 9 月颁布的《中共中央 国务院关于全面实施预算绩效管理的意见》等文件通知。本次事前绩效评估通过案头阅读相关材料、现场调研、座谈方式收集相关资料以获取评估所需信息，对××县教育局整体支出的结构、规模、预算编制依据、资金分配、绩效目标明确性和合理性、产出的数量和质量指标的合理性与科学性、效果指标的合理性等进行事前评估并出具评估报告。

三、××县教育局整体支出事前绩效评估的具体内容

此部分内容可根据事前绩效指标体系分指标进行评估。评估主要关注教育局支出规模是否能保证教育事业发展的需要，关注教育局各部分支出是否属于公共财政扶持范围，是否符合公共财政公平和效率目标，关注教育整体预算支出编制是否科学、合理，关注教育整体支出在各层次教育的分配是否合理，关注教育整体支出绩效目标是否明确、合理，关注教育整体支出的产出数量和质量指标是否合理、明确，关注教育整体支出的效果指标是否合理、明确，关注教育新建设项目是否进行了科学的可行性论证等。

四、××县教育局整体支出事前绩效评估结论和建议

（1）评估结论。

无意见通过或保留意见并修改通过或不予通过。同时，给出做出这一评估结论的理由。

（2）评估建议。

……

五、附件

调研座谈现场照片、教育局的重要佐证材料、评估小组成员签名表等。

财政局要求教育局要对评估专家提出的疑问逐一进行答辩，对评估专家发现的问题要进行相应修改和调整预算。

二、教育部门单位整体绩效事后评价案例与分析

目前，地方财政部门在部门整体绩效事后评价工作上已经积累一些经验。集美大学地方财政绩效研究中心也承接过一些教育部门单位整体绩效事后评价项目。本书根据实践案例从教育部门单位整体绩效事后评价流程、评价指标体系、评价报告三方面进行设计与分析。

（一）教育部门单位整体绩效事后评价流程

教育部门单位整体绩效事后评价，无论是单位委托还是财政部门委托，

大体流程如下：

1. 以招投标方式选定第三方评价机构；

2. 评价机构拟定评价方案和绩效评价指标体系；

3. 教育部门根据绩效评价指标体系和第三方机构要求准备相关资料；

4. 评价机构入场座谈、收集资料，进行问卷调查；

5. 撰写评价报告；

6. 提交评价报告给财政部门或教育部门；

7. 教育部门反馈意见并举证；

8. 评价机构根据教育部门反馈意见修改报告，再提交、再反馈、再修改；

9. 定稿。

（二）教育部门单位整体绩效事后评价指标体系设计

教育部门单位整体绩效事后评价指标体系和事前评估指标体系不同，除了投入、产出和效果3个一级指标外，还包括过程一级指标。

1. 投入指标。教育部门单位整体绩效事后评价的投入指标包括部门投入、绩效目标、资金预算和分配3个二级指标。部门投入指标包括投入依据、投入的公共财政支持、投入的程序规范性3个三级指标。绩效目标指标包括绩效目标合理性和明确性2个三级指标。资金预算和分配指标包括预算编制科学性和资金分配合理性2个三级指标。

2. 产出指标。教育部门单位整体绩效事后评价的产出指标可根据不同层级和类型的教育在产出指标（一级）下设二级指标，比如特殊教育、学前教育、义务教育、普高教育、职业中专、进修学校、电大教育和完全文明校园建设等。不同层级和类型教育的二级指标根据教育目标再设置数量、质量保障和年度投入三级指标。

（1）特殊教育的数量指标下设学校数、入学学生数、在校学生数等四级指标，质量保障指标下设师生比和学校固定设施等指标；

（2）学前教育的数量指标下设学校数、入学学生数、在校学生数、毕业学生数等四级指标，质量保障指标下设师生比（下设公立学校和私立学校五级指标)、学校固定设施建设四级指标。

（3）义务教育二级指标下设小学教育和初中教育指标。小学教育的数量指标下设学校数，入学学生数，在校学生数，毕业生数，学生获奖数，教师获得荣誉数，教师发表论文、专著数指标。小学教育的质量保障指标下设生师比、生机比、每生拥有图书量、教师交流数、德体美劳教育指标。

初中教育的数量指标下设学校数、入学学生数、在校学生数、毕业学生数、学生获奖数、教师获得荣誉数、教师发表论文和专著数指标。初中教育质量保障指标下设生师比，生机比，每生拥有图书量，生物、化学及物理实验室（是否有实验室，是否能满足教学需要），教师交流次数，德体美劳教育（德体美劳教育情况，是否形成特色等），信息化建设等指标。

（4）普高教育的数量指标下设学校数、入学学生数、在校学生数、毕业学生数、学生获奖数、教师获得荣誉数、教师发表论文和专著数指标。质量保障指标下设生师比，生机比，每生拥有图书数，生物、化学及物理实验室，教师交流次数，信息化建设指标。

（5）职业中专教育的数量指标下设本地学生入学比率、毕业留在本地的学生比率、当年度直接就业人数等指标。考虑对职业中专的本地财政投入资金数并不大，评价小组未设置质量保障指标。

（6）进修学院的数量指标下设教研（是否实现预设的绩效目标）、科研（是否实现预设的绩效目标）、培训（是否实现预设的绩效目标）指标。

（7）电大教育指标主要考核电大教育是否完成预设的绩效目标。

（8）安全文明校园建设指标主要考核各层次教育的校园安全文明建设情况，主要通过安全文明校园建设投入和产出情况加以评价，安全文明校园建设的产出可以考虑通过人员配置、设备、是否有打架斗殴现象和治安事件处理情况加以评价。

3. 效果指标。效果指标下设实施效益和服务对象满意度2个二级指标。实施效益指标下设社会效益和可持续性2个三级指标。社会效益指标主要考察年度教育财政投入是否促进各级各类教育的发展，是否满足本地人口文化素质水平提高的需要，是否为社会输出优秀人才等。可持续性指标主要考察各级各类学校的教师队伍、教学设施设备、图书资料和场地等是否有可持续性，考察当地财政投入的可持续性。服务对象满意度指标主要考察学生、家长和社会对各级各类教育的满意度。

（三）教育部门单位整体绩效事后评价报告

202×年××县教育局部门整体绩效评价报告

一、部门整体绩效评价说明

　　××大学地方财政绩效研究中心接受××县财政局委托，对202×年××县教育局部门整体支出进行预算绩效评价，现将有关事项说明如下：

　　1. 部门整体绩效评价目的：本次评价旨在通过对202×年××县教育局部门整体资金进行预算绩效评价，全面了解××县教育局部门整体资金投入、执行过程、产出和效益情况，解决财政部门与财政专项资金使用部门之间信息不对称问题，发现教育局部门整体绩效管理中存在的问题，提出相关的对策建议。本报告主要为加强预算绩效管理、提高财政资金的使用效益服务。

　　2. 部门整体绩效评价依据：部门整体绩效评价的依据主要是《预算法》中有关财政资金绩效评价的条款，2018年9月颁布的《中共中央 国务院关于全面实施预算绩效管理的意见》，2019年3月福建省委、省政府发布的《关于全面实施预算绩效管理的实施意见》，中共××市委办公室××市人民政府办公室2019年6月印发的《全面实施预算绩效管理工作方案》的通知，中共××县委办公室××县人民政府办公室2019年9月印发的《××县全面实施预算绩效管理工作方案》的通知。

　　3. 部门整体绩效评价对象：202×年××县教育局部门整体绩效。

　　4. 部门整体绩效评价方法与原则：部门整体绩效评价通过座谈、现场查看、个人访谈等方式，收集并处理有关教育局数据资料信息，采用指标法进行评价。评价小组遵循公正、公平、独立的原则进行绩效评价。

　　5. 部门整体绩效评价时间：202×年××月15日~9月30日。

二、××县教育局概况介绍

××县教育局内设办公室、党办、人事股、中成职教股、初幼教股、发展规划与财务建设股、安全股、行政审批服务股、教育督导股、体育卫生和艺术股、教学仪器站、电大工作站、助学中心、招生办、职改办、工会、全县各中小学校。20××~20××学年××县辖区内各学校××所，包括普通高中××所、完中××所、初级中学××所、小学××所（其中完小××所、教学点××个），幼儿园（班）××所、特殊教育学校××所、中等职业学校××所。202×年秋季××县在校学生××人（其中幼儿××人、小学生××人、特校××人、初中生××人、高中生××人、职专学生××人）。××县中小学幼儿园现有在编在岗教职工××人，具体结构是中学××人、小学××人、职专××人，特校××人，幼儿园××人。

20××年度××县教育局预算收入××万元，其中：一般公共预算拨款××万元，政府性基金预算财政拨款收入××万元，纳入专户管理的非税收入拨款××万元，其他收入××万元。动用上年结余××万元，动用事业基金××万元。20××年度教育局整体实际支出××万元，其中：工资福利支出××万元，一般商品和服务支出××万元，对个人和家庭的补助××万元，资本性支出（基本建设）××万元，资本性支出××万元。

三、评价指标设计与说明

教育局部门整体支出绩效评价指标是围绕××县"十三五"教育专项规划目标，以部门整体履职情况为依据，结合各类教育的主要产出进行设计。此次评价是年度部门整体绩效评价，指标体系设计还充分考虑20××年教育局财政支出结构和年度工作计划。评价小组从问题导向和管理目标出发采用关键指标法，按投入、过程、产出和效益四个一级指标制定明细的评价指标。四个一级指标下设的明细指标如下：

1. 投入一级指标下设部门投入、绩效目标、资金预算与分配3个二级指标及8个三级指标；

2. 过程一级指标下设资金管理和组织实施2个二级指标、6个三级指标及2个四级指标；

3. 产出一级指标下设特殊教育、学前教育、小学教育、初中教育、普高教育、职业教育、进修学校和电大教育和安全文明校园9个二级指标，以及数量、质量和年度投入3类三级指标、56个四级指标。

4. 效益一级指标下设实施效益和服务对象满意度2个二级指标、社会效益和可持续性2个三级指标和2个四级指标。

四、部门整体预算绩效与存在的问题

（一）部门整体预算绩效

1. 部门投入情况。××县教育局制定了"十三五"教育发展专项规划，明确了"基本实现教育现代化，基本形成学习型社会，进入教育强县行列"的发展目标。从20××年教育支出和实际工作情况看，××县确实做到了坚持教育优先原则，在各类教育工作中努力贯彻实施教育公平原则；20××年××县教育预算安排获财政局批复；县教育局按规定设置了20××年部门整体绩效目标表，并做了20××年教育部门绩效的自评报告；教育局预算支出中××为工资福利支出，此部分有明确的支出标准。一些项目实际执行数大于预算，主要原因一是对经济形势和政策风险估计不足，二是项目支出缺乏明确的预算标准；预算资金分配结构与履职较为匹配，预算资金具体安排如下：教育管理事务支出××万元、学前小学初高中教育支出××万元、职业教育支出××万元、电大进修学校特殊教育支出××万元。

2. 过程管理情况。20××年县教育局预算资金到位率100%，预算执行率100%；县教育局及各个学校按规定履行政府采购程序；经登录××县政府网站并搜看"教育信息公开"，评价小组认为，××县教育局的信息公开较为及时且规范；未有证据发现20××年教育局内部有违反中央八项规定精神的行为。教育局内部审计发现××所学校出现营养餐管理不规范的问题、××位人员出现违法违纪，教育局已经对此作出相应处理。××县教育局制定了财务管理制度、小型基建维修工管理规定、建设工程竣工验收制度、初中招生有关工作规定、普惠性民办幼儿园认定管理办法、教育系统专业技术等级职务聘任指导性意见等制度。未见省市转移专项资金的专门管理规定；鉴于20××年4月××县审计局的《××县教育局20××年度预算执行情况审计报告》和《××县教育局领导干部经济责任审计》所发现的问题，评价小组认为，××县教育局的"内部管理制度和实施"指标尚存在问题，内部管理制度还有进一步完善空间，内部管理制度的实施工作还需加强。

3. 部门产出情况。教育局部门整体产出主要采用特殊教育、学前教育、小学教育、初中教育、普高教育、职业中专、进修学校、电大教育、安全文明校园9个指标来衡量。各类教育的产出一般包括数量指标、质量指标和年度投入指标。数量和质量指标采用关键指标法进行评价，旨在反映各类教育主要而非全部的产出和质量信息。

（1）特殊教育情况。目前××县有特殊教育学校××所，能满足特殊教育的需要。20××年特殊教育学校的在校学生数、入学学生数和毕业学生数分别是××人、××人和××人。特殊教育学校目前有在编在岗教职工××人，且呈现专业化和年轻化特点，能满足特殊教育的需要。学校现占地面积为××平方米，建筑面积××平方米，××多平方米运动场全部塑胶化，校园绿地面积××平方米，覆盖率达到××。建有教学楼、生活办公综合楼各××幢，有××米以上环形跑道和××米直跑道以及××个篮球场、××个羽毛球场、××个乒乓球台、跳高跳远沙坑场地、儿童乐园等；食堂按标准建设，餐厅能同时容纳全校××多名师生就餐，设施设备及相关证件齐全，能满足师生生活需要。家政室、烹饪、劳动技术室各××间，并配有蔬菜种植基地××多平方米。有图书阅览室××间，藏书××册。体育器材室××间，并按标准配备相关设施设备。配置了室内运动康复训练室、感觉统合训练室、音乐律动训练室、美术手工室、心理评估咨询与康复室、早期干预室、言语功能评估与训练室、认知能力评估与训练室、多感官功能室等××个康复教室及配套设备。学校基础设施建设良好，能较好满足特殊教育需要。

年度财政投入能满足特殊学校教育的需要。20××年特殊教育学校财政拨款为××万元，当年度费用支出为××万元。20××年12月31日特殊学校尚留存相当数量的往年结余。

（2）学前教育情况。20××年××县拥有幼儿园××所，其中普惠性幼儿园××所，普惠性民办幼儿园××所，全县学前三年入园率达××。20××年××县推进××所公办幼儿园项目建设，总投资约××万元，新建园舍总面积××平方米。新幼儿园新增学位数××个，有效扩大普惠性学前教育资源供给，提升公办幼儿园占有率。总体上看，公办幼儿园比例偏低，城区城郊公办幼儿园覆盖面较低。公办和私立学校规模基本能满足学前教育的需要。

20××年××县幼儿园入学学生数为：公办幼儿园××人、私立幼儿园××人；毕业生人数为：公办幼儿园××人、私立幼儿园××人。20××年秋季××县幼儿园在校生××人。按目前××所幼儿园计，××县每所幼儿园平均学生数为××人左右。20××年××县公办幼儿园生师比为××∶1，私立幼儿园的生师比数据因缺乏资料无法计算。总体情况是，幼儿园师资缺乏且私立幼儿园的师资存在良莠不齐的现象。此外，私立幼儿园和公办幼儿园的设施差异较大，公办幼儿园的基础设施相对齐全和完善。

（3）小学教育情况。20××年××县拥有小学××所（其中完小××所、教学点××个），20××年秋季××县小学在校生××人，平均每所学校在校生××人。仅从数量上看，学校数基本能满足小学教育的需要。但学校分布结构出现城区学校学位不足和一些新校区及农村小学学生数不足共存的现象。

20××年××县小学入学学生数和毕业生数分别为××人、××人。截至20××年，全县小学义务教育巩固率达到××；20××年××县小学学生各类获奖人次为××人次，教师获得的荣誉为××人次，教师发表论文和专著数为××篇（本）。从实际结果看，学生获奖数、教师获得荣誉数、教师发表论文和专著数这三个指标数值都比以往年度有所提高。

20××年××县小学生师比为××∶1，近三年，××县小学生师比略有升高；生机比为××∶1（低于标准15∶1）；每生拥有图书量（册/人）为××∶1（低于标准30∶1）；20××年教师交流次数指标值不太理想，为××人次（20××年和20××年分别为××人次和××人次）；××县小学普遍较重视劳动教育，强调把劳动教育纳入人才培养全过程，许多学校都开设劳动课。小学学校注重道德培养。为增强中小学生的诚信意识，树立诚信典型，发挥道德榜样作用，教育局联合县诚信促进会开展了20××年××县中小学生"诚信之星"评选活动。在"美育"方面，目前××县小学尚未形成"一校一特"，即每个学校形成以舞蹈、音乐、绘画、书法、雕塑等某方面为主的艺术兴趣小组。

20××年××县小学教育财政支出为××万元，其中工资福利支出为××万元，占总支出的××。20××年度小学教育投入在维持工资性支出与学校发展支出比例上是基本合理的。

（4）初中教育情况。20××年××县有完中××所、初级中学××所，20××年秋季在校初中生有××人，平均每所学校大约××名学生。由于学校教学水平和生源分布缘故，学校之间存在较大的规模差别，农村中学的学生数总体不足；20××年全县入学学生数为××人，毕业学生数为××人。截至20××年全县初中三年教育巩固率达××，高于"全省巩固率达××以上平均水平"的指标。

20××年××县初中学生获奖为××人次（略小于近三年平均数××人次）；教师获得荣誉为××人次（小于近三年平均数××人次）；教师发表论文和专著数为××篇（本）（大于近三年平均数××篇）。

20××年××县初中教育的生师比为××∶1，近三年初中的生师比略有升高；生机比为××∶1，近三年初中的生机比逐年升高，但远远小于13∶1的标准；每生拥有图书量为××册，大于图书配备标准人均30册；生物、化学和物理实验室存在较大校际差别；教师交流为××人次；××县初中学校较重视劳动、品德和体育教育。教育局努力推行中学生艺术素质测评，将测评结果纳入初中学生综合素质评价，组织全县××余名专、兼职艺术教师参加县义务教育阶段音乐、美术学科教学指导意见解读培训。个别学校逐渐形成自己的"美育"特色，比如××中学有××个艺术社团，××的学生参与社团活动。

××县教育局正在推行教育信息化2.0行动计划，20××年组织3批次共××所学校的教师到××公司的××基地进行培训，选定××三中等××所学校为智慧校园试点校。然而，20××年××县教育信息网络及软件购置更新支出为××万元，其中××职专支出为××万元，××三中班班通多媒体采购支出为××万元，××二中班班通多媒体采购支出为××万元。教育信息化建设的支出结构上存在不平衡，支出不能满足教育信息化建设目标的需要。

20××年××县初中教育财政投入为××万元，其中工资福利支出为××万元，占总支出的××。××县年度初中教育投入主要是维持工资性支出，学校的发展支出占比较小。

（5）高中教育情况。20××年××县拥有普通高中××所和××所完中，20××年秋季在校高中生为××人。在新建××县一中后，××县高中的学校规模已能满足高中教育的需要。新建的××县一中新校区是省重点项目，符合《中小学校设计规范》和福建省一级达标学校建设标准，办学规模为高中××个班，可容纳高中学生××人。

20××年××县高中入学学生数为××人，毕业生人数为××人。××县高中阶段教育毛入学率达到××以上。在20××年高中毕业学生中，文理科本科上线××人，上线率××，考取"985"大学××人，"211"大学××人，共计××人。20××年××县高中学生获奖数为××人次，高于近三年平均数××人次；教师获得荣誉数量为××人次，高于近三年的平均数××人次；教师发表论文和专著数为××篇（本），高于近三年的平均数××篇。

20××年××县高中的生师比为××∶1，2018年和2019年分别为××∶1和××∶1；生机比为××∶1，能满足上课时一人一机的需要；每生拥有图书量（册/人）为××册，少于图书配备标准人均××册。生物、化学及物理实验室能满足高中教育的需要；教师交流为××人次，高于近三年平均数××人次；信息化建设能满足高中教育需要。

20××年度××县高中教育财政投入××万元，其中工资福利支出为××万元，占总支出的××。年度高中教育投入的建设和发展支出较有保障。

（6）职业中专教育情况。20××年度职业中专在校生总数为××人，入学学生数××人，在校学生中绝大部分是××县本地生源，毕业生数××人，在××本地就业数××人。

（7）进修学校教育情况。进修学校利用福建教育学院××培训基地、教育部高等学校继续教育示范基地福建师范大学××分基地、福建幼儿师范高等专科学校××研训基地三大基地努力做好教师高端培训；20××年有××位省名校长与××县××所小学和××所中学建立基地校；有××位省名师分别与××位骨干教师按"一帮三"双导师模式进行帮扶；全省各地的名师、名校长、专家××多人到××县送培送教，为××县××多人次教师开展了高端培训。

20××年进修学校举办教学教研、送教送培、教师培训、开放活动达××场次，参加人数共计××人次。各类培训和活动如下：开放活动××场次，教师培训××场次（其中幼儿园××场次、小学××场次、中学××场次）、教研活动××场次（其中幼儿园××场次、小学××场次、中学××场次）、送培送教活动××场次（其中幼儿园××场次、小学××场次、中学××场次）。

年度投入经费基本能满足进修学校运营的需要。20××年财政安排继续教育经费××万元，按文件要求，其中应拨付给进修学院教师培训经费不少于××，即不少于××万元，然而实际拨付××万元。因此评价小组给予年度投入适当扣分。

（8）电大教育情况。20××年××县本、专科招生人数达到××人，连续三年蝉联全省电大工作站第一，在籍学员达到××人，成为全省办学规模最大的县级工作站。20××年7月、12月连续两季被评为"全省电大系统招生工作优秀集体"，××人次被评为"全省电大系统招生工作优秀个人"。10月，被国家开放大学评为"教育部'一村一名大学生'招生工作先进单位"。

（9）安全文明校园情况。××县教育局一直很重视平安文明校园的建设。20××年县教育局挂牌成立"教育关爱志愿服务分队"；开展民俗活动大操大办专项整治工作，深入开展移风易俗宣传，推动教育系统参与创建第六届省级文明县城迎检工作；推进"消防安全伴我成长"三年行动；加强学生毒品预防教育工作。全县初中毕业生《涉麻制毒犯罪相关知识告知书》送达率为100%；各学校的禁毒"小宣传员"队伍建设率达100%。组织五年级及五年级以上学生参加"全国青少年禁毒知识竞赛"，获全市第一名。全年共评定了××所县级"毒品预防教育示范校"，××所学校被评为市级"毒品预防教育示范校"。××职专、××四中、××中学、××中学四所中学按省级示范校的标准建成林则徐禁毒宣教室并投入使用；开展新一轮"平安校园"等级创建。

4. 部门整体支出效益情况。20××年××县教育部门整体支出保证了当年度特殊教育、学前教育、义务教育、高中教育、职业中专教育、电大以及进修学校工作顺利进行，在不同层面有效地提高了××县居民文化水平，带来巨大的社会效益。各类学校尽管面临各种各样困难，但仍然能为××县各层面教育事业可持续性提供教育服务。限于××县的经济发展水平和财力现状，未来××县教育财政投入持续增长的空间较为有限。

20××年××县教育事业的成绩值得肯定，比如：（1）20××年11月××一中被评为全国文明校园；（2）全县乡村小规模学校（100人以下完小及教学点）办学条件均达到省定基本办学标准；（3）××县中考××个学科平均分均位居××市前列，"五率"评估有××所学校获市级表彰。小学省市质量监测和县毕业会考成绩方面，及格率、优秀率较高，平均分位居××市前列；（4）20××年有××名教师被评为省优秀教师、省优秀教育工作者；在××市教育局、人社局关于20××~20××学年集体和个人奖励工作中，××一中获集体记功学校，实验幼儿园等××所学校获集体嘉奖；（5）××一中、××三中被评为全国青少年篮球特色校，××一中被评为全国学校体育工作示范校，并获福建省示范高中学校网球赛二等奖及获得省体育道德风尚奖称号，击剑项目在省示范高中展示上获得三等奖；（6）电大工作被国家开放大学评为"教育部'一村一名大学生'招生工作先进单位"等。

20××年1月1日至12月31日××县教育局共接到××条投诉，建议××条，咨询××条，相关投诉、建议和咨询都得到回复落实，满意率

100％。家长对学校教育满意度≥95％。考虑各类学校分布、规模和条件等方面的问题，评价小组在服务对象满意度方面给予适当的扣分。

（二）部门整体绩效存在的问题

......

五、部门整体绩效评价结论与建议

经过与教育局相关人员座谈、实地调研、个人访谈、收集与分析资料，评价小组给20××年××县教育局部门整体绩效的评定为良好（总分为××分，各项指标的具体内容及得分详见表4－1）。总体上看，在政府的高度重视下20××年××县教育事业稳步向前，大部分指标都取得较好成绩。一些指标还有待进一步提升，比如绩效目标合理性和明确性、预算编制科学性、内部管理制度与实施、年度投入以及学校分布、规模等有关指标。诚然，需要进一步提升的指标有些属于年度绩效问题，比如绩效目标合理性和明确性、预算编制科学性、信息化建设投入等；有些指标问题是需要较长时间去解决的，比如学校分布与规模问题以及服务对象满意度等。根据评价过程中发现的问题，评价小组提出以下几条建议以供决策参考（具体建议省略）。

表4－1　　　　　　　××县教育局部门整体绩效评价指标及得分

一级指标	二级	三级	四级	指标得分标准	得分
投入	部门投入	部门战略规划和年度计划		部门是否制定战略规划，比如五年发展规划；战略规划的合理性；部门每年工作计划是否围绕战略规划目标；部门投入是否根据战略规划目标安排；各类学校发展规划和年度工作计划是否围绕部门战略规划。是则得满分，否则酌情扣分	
		投入的公共财政支持和目标		部门投入是否属于公共财政支持范围；是否符合公共财政效率和公平目标；是否符合中央、地方事权支出责任划分原则。是得满分，否则项目绩效评价不及格	
		投入的程序规范性		部门投入是否按照规定的程序申请设立；审批文件、材料是否符合相关要求。是得满分，否则酌情扣分	

一级指标	二级	三级	四级	指标得分标准	得分
投入	绩效目标	绩效目标合理性		部门投入是否有绩效目标；部门绩效目标与实际工作内容是否具有相关性；部门预期产出效益和效果是否符合正常的业绩水平；是否与预算确定的部门投入额或资金量相匹配。是得满分，否则酌情扣分	
		绩效目标明确性		是否将部门绩效目标细化分解为具体的绩效指标；是否通过清晰、可衡量的指标值予以体现；是否与部门目标任务数或计划数相对应。是得满分，否则酌情扣分	
	资金预算与分配	预算编制科学性		预算内容与部门职能是否匹配；预算额度测算依据是否充分，是否按照标准编制；预算确定的投入额或资金量是否与部门工作任务相匹配。是得满分，否则得 0 分	
		资金分配合理性		预算资金分配依据是否充分；资金分配额度是否合理，与单位或地方实际是否适应。是得满分，否则得 0 分	
过程	资金管理	资金到位率		实际得分＝分值×资金到位率。资金到位率＝（实际到位资金/预算资金）×100%	
		预算执行率		实际得分＝分值×预算执行率。预算执行率＝（实际支出资金/实际到位资金）×100%	
	组织实施	政府采购实施		是否按规定公平、公正、公开地实施政府采购，确定中标商。是得满分，否则得 0 分	
		部门公开、透明度建设		部门是否按要求及时在相应网站和媒体公开相应政策与相关信息。是则得满分，否则酌情扣分	
		党风廉政、法治建设		部门内是否有违反中央八项规定精神的行为，内部审计、专项审计和巡察审计是否发现违规违纪问题。没发现问题得满分，有则酌情扣分	
		内部管理制度与实施	内部管理制度建设	是否已制定或具有较为完善的财务、内部控制制度和业务管理制度等。是得满分，否则得 0 分	
			内部管理制度实施	各项管理制度是否认真实施，实施效果是否明显，是否出现违法违规行为。没有出现违法违规行为的则得满分，否则酌情扣分	

续表

一级指标	二级	三级	四级		指标得分标准	得分
产出	特殊教育	数量	学校数		学校数是否合理，规模是否能满足特殊教育需要。是则得满分，否则酌情扣分	
			入学学生数		当年度接受特殊教育的学生是否应入则入。是则得满分，否则酌情扣分	
			在校学生数		在校学生数是否合理，是否太少或者规模过大。合理得满分，否则酌情扣分	
		质量保障	生师比		生师比是否能满足特殊教育的需要。是则得满分，否则酌情扣分	
			学校固定设施		学校教室、食堂、操场等建设能否满足特殊教育需要。能则得满分，否则酌情扣分	
		年度投入			年度投入是否能满足特殊学校当年度支出需要。是得满分，否则酌情扣分	
	学前教育	数量	学校数		学校数是否合理，规模、位置分布是否能满足特殊教育需要。是则得满分，否则酌情扣分	
			入学学生数		当年度接受学前教育的学生是否应入则入，是否能就近入学。是则得满分，否则酌情扣分	
			在校学生数		每所学校在校学生数是否合理，是否太少或者规模过大。合理则得满分，否则酌情扣分	
			毕业学生数		当年度该毕业学生是否顺利毕业。是得满分，否则酌情扣分	
		质量保障	生师比	公立	公立幼儿园师生比是否能满足学前教育需要。是则得满分，否则酌情扣分	
				私立	私立幼儿园师生比是否能满足学前教育需要。是则得满分，否则酌情扣分	
			学校固定设施		学校固定设施建设能否满足学前教育需要，是否存在校际资源分配不均现象。能满足教学需要且不存在明显不均现象。是得满分，否则酌情扣分	
		年度投入			年度投入是否能满足学前教育当年度支出需要。是得满分，否则酌情扣分	

续表

一级指标	二级	三级	四级	指标得分标准	得分
产出	义务教育	小学教育	数量	学校数	学校数是否合理,规模、位置分布是否能满足小学教育需要。是则得满分,否则酌情扣分	
				入学学生数	当年度应入学的学生是否都能入学。是则得满分,否则酌情扣分	
				在校学生数	在校学生数是否合理,是否规模过小或者过大。合理得满分,否则酌情扣分	
				毕业生数	当年度该毕业学生是否顺利毕业并升学。是得满分,否则酌情扣分	
				学生获奖数	年度学生获奖数是否大于近三年的平均数。是则得满分,否则酌情扣分	
				教师获得荣誉数量	年度教师获得荣誉数是否大于近三年平均数。是则得满分,否则酌情扣分	
				教师发表论文、专著数	年度教师发表论文、专著数是否大于近三年平均数。是则得满分,否则酌情扣分	
			质量保障	生师比	近几年生师比是否维持一个比较稳定、合理的比例以保障教育质量。是则得满分,否则酌情扣分	
				生机比	生机比是否达到标准。是则得满分,否则酌情扣分	
				每生拥有图书量(册/人)	每生拥有图书量是否达到标准。是则得满分,否则酌情扣分	
				教师交流次数	年度教师交流人次是否大于往年人次,是则得满分,否则得 0 分	
				德体美劳教育	学校是否重视德育、体育、美育和劳育培养,是否形成特色。是则得满分,否则酌情扣分	
			年度投入		年度投入是否能满足小学教育当年度支出需要。是得满分,否则酌情扣分	

续表

一级指标	二级	三级	四级	指标得分标准	得分
产出	义务教育	初中教育	数量	学校数	学校数是否合理，规模、位置分布是否能满足初中教育需要。是则得满分，否则酌情扣分	
				入学学生数	当年度应入学的学生是否都能入学。是则得满分，否则酌情扣分	
				在校学生数	在校学生数是否合理，是否规模过小或过大。合理则得满分，否则酌情扣分	
				毕业学生数	当年度该毕业学生是否顺利毕业并升学。是得满分，否则酌情扣分	
				学生获奖数	年度学生获奖数是否大于近三年的平均数。是则得满分，否则酌情扣分	
				教师获得荣誉数量	年度教师获得荣誉数是否大于近三年平均数。是则得满分，否则酌情扣分	
				教师发表论文和专著数	年度教师发表论文、专著数是否大于近三年平均数。是则得满分，否则酌情扣分	
			质量保障	生师比	生师比是否较为稳定，是否能保障教学质量。是则得满分，否则酌情扣分	
				生机比	生机比是否达到标准。是则得满分，否则酌情扣分	
				每生拥有图书量	每生拥有图书量是否达到标准。是则得满分，否则酌情扣分	
				生物、化学及物理实验室	生物、化学及物理实验室是否按要求建立，实验室规模能否满足教学需求。能则得满分，不能则酌情扣分	
				教师交流次数	年度教师交流人次是否大于往年人次。是则得满分，否则得0分	
				德体美劳教育	学校是否重视德育、体育、美育和劳育培养，是否形成特色。是则得满分，否则酌情扣分	
				信息化建设	信息化建设是否能满足信息化教育需要。是则得满分，否则酌情扣分	
			年度投入		年度投入是否能满足初中教育当年度支出的需要。是得满分，否则酌情扣分	

续表

一级指标	二级	三级	四级	指标得分标准	得分
产出	普高教育	数量	学校数	学校数是否合理，规模是否能满足高中教育需要。是则得满分，否则酌情扣分	
			入学学生数	当年度达到升学标准的学生是否都能继续学习。是则得满分，否则酌情扣分	
			在校学生数	在校学生数是否合理，是否太少或者规模过大。合理得满分，否则酌情扣分	
			毕业学生数	当年度毕业的学生考上大学情况，根据升入本科院校情况评分	
			学生获奖数	年度学生获奖数是否大于近三年的平均数。是则得满分，否则酌情扣分	
			教师获得荣誉数量	年度教师获得荣誉数是否大于近三年平均数。是则得满分，否则酌情扣分	
			教师发表论文和专著数	年度教师发表论文、专著数是否大于近三年平均数。是则得满分，否则酌情扣分	
			生师比	生师比是否达到标准。是则得满分，否则酌情扣分	
		质量保障	生机比	生机比是否达到标准。是则得满分，否则酌情扣分	
			每生拥有图书量	每生拥有图书量是否达到标准。是则得满分，否则酌情扣分	
			生物、化学及物理实验室	生物、化学及物理实验室是否按要求建立，实验室规模能否满足教学需求。能则得满分，不能则酌情扣分	
			教师交流次数	年度教师交流人次是否大于往年人次。是则得满分，否则得 0 分	
			信息化建设	信息化建设能否满足信息化教育需要。是则得满分，否则酌情扣分	
		年度投入		年度投入是否能满足高中教育当年度支出的需要。是得满分，否则酌情扣分	
	职业中专	数量	本地学生入学比率	当年度，本地学生入学比率≥90%则得满分，否则酌情扣分	
			毕业留在本地学生比率	当年度，毕业学生留在本地学生比率≥20%则得满分，否则酌情扣分	
			直接就业人数	当年度直接就业人数比上年度增加的则得满分，否则酌情扣分	

续表

一级指标	二级	三级	四级	指标得分标准	得分
产出	进修学校	数量	教研	年度教研活动是否有绩效目标，是否按质按量实现绩效目标。是则得满分，否则酌情扣分	
			科研	年度科研活动是否有绩效目标，是否按质按量实现绩效目标。是则得满分，否则酌情扣分	
			培训	年度培训活动是否有绩效目标，是否按质按量实现绩效目标。是则得满分，否则酌情扣分	
		年度投入		年度投入是否能满足绩效计划实施的需要。是则得满分，否则酌情扣分	
	电大教育			年度电大教育成效，根据具体成效打分	
	安全文明校园			各类学校安全文明校园建设情况，是否出现治安事件。没有则得满分，有则酌情扣分	
效益	实施效益	社会效益		教育投入是否促进××县学前、小学、初中、高中教育有较好发展，是否有效提高××县人口文化素质水平，是否为社会输送优秀的人才。是则得满分，否则酌情扣分	
		可持续性	各级各类学校的可持续性	各级各类学校的教育团队、资产设备、图书资料能否保证教育的持续有效进行。能则得满分，否则酌情扣分	
			财政投入的可持续性	财政能否持续增加对各级各类教育投入。能则得满分，否则酌情扣分	
	服务对象满意度			综合考虑以下几个因素评分：××县的教育是否获得市级以上教育部门或政府的认可、荣誉等，各级各类教育当年年度是否受到家长的投诉，教育局投诉处理的满意率，民众对教育的认可度	
合计得分					

第二节　人事劳动部门单位整体绩效管理案例与分析

各地情况有所差异，行政部门的科室设置和职能也有所不同。本书案例中的人事劳动部门包括综合科室（外事侨务科）、组织科室、群团科室、机关事业单位社会保险科室、行政服务中心、人事劳动服务中心、城乡居民社会养老保险管理中心。人事劳动部门整体绩效管理要包括事前绩效评估、事中绩效监控和事后绩效评价全过程。

一、人事劳动部门单位整体绩效事前评估案例与分析

本部分包括制定人事劳动部门单位整体绩效事前评估流程，探讨事前评估绩效指标体系，设计事前绩效评估报告。

（一）人事劳动部门单位整体绩效事前评估流程

人事劳动部门单位整体绩效事前评估可分为单位自评估和财政部门组织评估。单位自评估可由单位自己组织内部力量进行评估，也可以委托外部力量进行评估。本书所说的人事劳动部门单位整体绩效事前评估流程是指单位委托外部力量进行评估和财政部门组织评估的流程。具体流程如下：

1. 人事劳动部门或财政部门组织专家准备进行人事劳动部门单位整体绩效评估；

2. 人事劳动部门准备事前绩效评估材料，分别寄给专家以进行案头审阅；

3. 人事劳动部门或财政部门组织专家现场评估，人事劳动部门现场答辩；

4. 人事劳动部门事后补充材料，专家现场调研、座谈，收集相关资料和

评估信息；

5. 专家撰写事前绩效评估意见；

6. 人事劳动部门根据事前绩效评估意见进行反馈；

7. 专家确定并提交事前绩效评估意见；

8. 财政部门把事前绩效评估意见作为预算安排参考。

人事劳动部门单位整体事前绩效评估专家包括人事劳动行业人士、当地人大代表、预算绩效管理专家等。事前绩效评估材料包括当地政府的中长期发展规划、人事劳动部门本年度预算、预算绩效目标及相关说明等。专家撰写的事前绩效评估意见要对人事劳动部门本年度预算结构，具体项目支出规模，预算编制标准，绩效目标明确性与合理性，预算是否符合党中央、国务院提倡的"过紧日子"的精神等给出明确的意见，评估意见的最后还要给出一个总体性的意见，或为无意见通过，或为有意见修改通过，或为有意见不予通过。

（二）人事劳动部门单位整体事前绩效评估指标体系

人事劳动部门科室设置较为复杂，事前绩效评估指标体系的产出指标构建要分层次择取相应的关键指标组成，关键指标的设置应依据人事劳动部门的主要职能和重点支出部分进行设计。本案例按部门支出决策、部门支出产出、部门支出效果3个一级指标设计人事劳动部门单位整体事前绩效评估指标体系。部门过程一级指标在事后评价体现，无须在事前绩效指标体系出现。

1. 人事劳动部门单位整体支出决策指标。该一级指标包括单位整体支出决策依据、是否符合公共财政目标、支出的绩效目标、资金预算与分配4个二级指标。

（1）单位整体支出决策依据二级指标主要评估单位预算编制是否依据国家、省、市（县）发展规划中关于部门单位的要求、部门单位的职能、年度计划以及人事劳动相关法规、法令和制度等。（2）是否符合公共财政目标指标主要评估单位预算编制是否为公共财政支持范围，是否符合公共财政的效率和公平目标。专家要评估人事劳动部门单位整体预算支出是否符合公共财政扶持范围及效率、公平目标，就必须仔细了解人事劳动部门支出结构是否合理，是否符合国家提倡"过紧日子"的要求，预算标准是否超过当地经济和财力水平，是否围绕国家及当地政府战略规划目标，是否存在重复安排项目支出等问题。(3) 支出的绩效目标指标主要评估人事劳动部门单位整体支出的绩效目标和目标标准的明确性和合理性。支出的绩效目标指标可再下设绩效目标明确性和合理性2个三级指标。(4) 资金预算与分配指标主要评估人事劳动部门支出结构是否合理，各科室部门支出规模是否符合科室部门职能和年度主要目标；评估人事部门支出是否符合法定标准；评估人事部门支出预算编制是否有科学、合理的标准，是否有充分的预算编制依据等。该二级指标可下设预算编制科学性和资金分配合理性2个三级指标。

2. 人事劳动部门单位整体支出产出指标。该一级指标按人事部门的主要职能下设党建活动、劳动和就业、群团工作、机关事业管理及其养老保险、城乡居民养老保险、行政服务6个二级指标(6个二级指标的设置要根据人事部门具体职能、年度目标、具体业务提炼总结)。各个二级指标再下设三级指标，具体设置如下：

(1) 党建活动二级指标下设7个三级指标，具体包括轮训和培训，考核、考评与评优，党费收缴，非公组织和企业党建，各类学习会议，发展新党员，其他工作；(2) 劳动和就业二级指标下设7个三级指标，具体包括就业困难社会保险补贴、灵活就业社会保险补贴、职业技能补贴、职业资格证补贴、取得职业资格证、促进就业、解决拖欠农民工工资和劳工纠纷；(3) 群团工作二级指标下设4个三级指标，具体包括慰问和帮扶等暖心工程、培训、活动和运动、其他工作；(4) 机关事业单位管理及其养老保险二级指标下设3个三级指标，具体包括引进人才、教师编制、机关事业养老保险业务承接；(5) 城乡居民养老保险下设5个三级指标，具体包括确认参保人员与缴费人员名单、信息化平台的建设、养老金发放、养老保险金缴交、核定新增待遇人员；(6) 行政服务二级指标下设2个三级指标，即行政服务中心筹建和行政服务中心建设。上述 6 个二级指标下的三级指标根据需要还可设置四级指标。

3. 人事劳动部门整体支出效果指标。人事劳动部门单位整体支出效果指标包括经济效益、社会效益、可持续性影响和服务对象满意度 4 个二级指标（因人事劳动部门的职能特点，效果指标未设置生态效益二级指标）。4 个二级指标下分别再设置三级指标：（1）经济效益二级指标下设党员发挥模范作用、劳动培训和教育促进经济发展、就业信息和用工招聘平台减少市场交易成本 3 个三级指标；（2）社会效益二级指标下设 4 个三级指标，具体包括基层工会积极有效、共青团发挥积极作用、文体活动丰富员工生活和社会稳定；（3）可持续性影响二级指标下设人才队伍的可持续性影响，优秀党员、共青团员的可持续性影响，职业技术人员的可持续性影响 3 个三级指标；（4）服务对象满意度二级指标下设 7 个三级指标，具体包括培训对象满意度、招聘对象满意度、党员和共青团员满意度、办事人员对行政服务中心满意度、教师满意度、农民工满意度和社保参保人员满意度。

（三）人事劳动部门单位整体绩效事前评估报告

××县人事劳动局整体支出事前绩效评估报告

一、××县人事劳动局整体支出事前绩效评估对象

此部分主要介绍××县教育局下设的综合科（外事侨务科）、组织科、群团科、机关事业单位社会保险科、行政服务中心、人事劳动服务中心、城乡居民社会养老保险管理中心等科室的职能、预算金额和报送的绩效目标情况。

二、××县人事劳动局整体支出事前绩效评估原则、依据和方法

此次事前绩效评估严格遵守独立、客观、公正的原则。事前绩效评估依据是《预算法》、2018 年 9 月颁布的《中共中央 国务院关于全面实施预算绩效管理的意见》等文件通知。本次事前绩效评估通过案头阅读相关材料、现场调研、座谈，收集相关资料以获取评估所需信息，对××县人事劳动局整

体支出的结构、规模、预算编制依据、资金分配、绩效目标明确性和合理性、产出的数量和质量指标的合理性与科学性、效果指标的合理性等进行事前评估并出具评估报告。

三、××县人事劳动局整体支出事前绩效评估的具体内容

此部分内容可根据事前绩效指标体系分指标进行评估。评估主要关注人事劳动局支出规模是否能保证人事劳动局事业发展的需要，关注人事劳动局各部分支出是否符合公共财政扶持范围，是否符合公共财政公平和效率目标，关注人事劳动局整体预算支出编制是否科学、合理，关注人事劳动局整体支出在各部分支出的分配是否合理，关注人事劳动局整体支出绩效产出目标是否明确、合理，关注人事劳动局整体支出的效果指标是否合理、明确等。

四、××县人事劳动局整体支出事前绩效评估结论和建议

（1）评估结论。

或无意见通过，或保留意见并修改通过，或不予通过。同时，给出得出这一评估结论的理由。

（2）评估建议。

……

五、附件

调研座谈现场照片、人事劳动局的重要佐证材料、评估小组成员签名表等。

二、人事劳动部门单位整体绩效事后评价案例与分析

本书根据实践案例从人事劳动部门单位整体绩效事后评价流程、评价指标体系、评价报告三方面进行设计与分析。

（一）人事劳动部门单位整体绩效事后评价流程

人事劳动部门单位整体绩效事后评价，其流程与教育部门整体绩效事后评价流程大体一致，具体如下：

1. 以招投标方式选定第三方评价机构；

2. 评价机构拟定评价方案和绩效评价指标体系；

3. 人事劳动部门根据绩效评价指标体系和第三方机构要求准备相关资料；

4. 评价机构入场座谈、收集资料，进行问卷调查；

5. 撰写评价报告；

6. 提交评价报告给财政部门或人事劳动部门；

7. 人事劳动部门反馈意见并举证；

8. 评价机构根据人事劳动部门反馈意见修改报告，再提交、再反馈、再修改；

9. 定稿。

（二）人事劳动部门事后绩效评价的指标体系

人事劳动部门事后绩效评价的指标体系包括投入、过程、产出和效果4个一级指标。事后绩效评价指标体系与事前绩效评估指标体系在投入、产出和效果指标上基本一致，差异主要是在过程指标（事前绩效评估指标体系不需要设置过程指标）。人事劳动部门事后绩效评价的过程指标下设项目管理、预算绩效管理、财务管理、科室的年度计划、信息系统和政府采购等，具体见表4-2。

表4-2　　　　　　　　人事劳动部门事后绩效评价指标体系

一级指标	二级指标	三级指标	四级指标	评分标准	得分
部门整体支出决策	项目立项	立项规范性		项目是否按照规定的程序申请立项；所提交的文件、材料是否符合相关要求。符合要求的得满分，不符合要求的酌情扣分	
	基本支出和项目支出预算	预算增长率	基本支出预算增长率	基本支出预算增长率大于0，如果无合理的客观原因，得0分。基本支出预算增长率等于或小于0，得满分	
			项目支出增长率	项目支出若与往年相同，且目标相同，支出增长率大于0，则得0分，小于或等于0，则得满分	

续表

一级指标	二级指标	三级指标	四级指标	评分标准	得分
部门整体支出决策	基本支出和项目支出预算	预算细化率	基本支出预算细化率	按规定标准、计划标准或历史标准细化各项基本支出的得满分，否则得 0 分	
			项目支出预算细化率	项目支出预算细化率大于等于 80% 的得满分，大于 70% 小于 80% 的酌情扣分，小于 70% 的得 0 分	
		预算完成率	基本支出预算完成率	年终基本支出预算完成率等于 100% 得满分，大于 85% 小于 100%，如果是成本节约则得满分，否则酌情扣分，小于 85% 得 0 分	
			项目支出预算完成率	项目支出预算完成率等于 100% 得满分，大于 80% 小于 100% 酌情扣分，小于 80% 的得 0 分	
		合理性	基本支出的合理性	基本支出是否出现运行成本过高现象，是否与本地区经济、财政发展水平一致。是则得满分，否则酌情扣分	
			项目支出的合理性	项目支出是否与本地区经济、财政发展水平一致。是则得满分，否则酌情扣分	
	基本支出和项目支出绩效目标	目标合理性	基本支出绩效目标合理性	基本支出是否制定绩效目标，绩效目标是否与单位职责、规划目标、年度计划目标一致。是则得满分，否则酌情扣分	
			项目支出绩效目标合理性	项目支出是否制定绩效目标，绩效目标是否与项目目标一致，是否能体现项目产出和效益。是则得满分，否则酌情扣分	
		目标完整性	基本支出绩效目标完整性	基本支出绩效目标是否包括投入、产出、效益和效果。是则得满分，否则酌情扣分	
			项目支出绩效目标完整性	项目支出绩效目标是否包括投入、产出、效益和效果。是则得满分，否则酌情扣分	

续表

一级指标	二级指标	三级指标	四级指标	评分标准	得分
过程	项目管理	制度健全性		是否已制定或具有相应的业务管理制度；业务管理制度是否合法、合规、完整。一项不符合扣1分，严重的此项不得分	
		制度执行有效性		资金的重大开支是否经过评估论证；资金的拨付是否有完整的审批程序和手续；财务管理制度是否按规定有效执行。一项不符合扣1分，严重的此项不得分	
	预算绩效管理	管理制度		是否制定预算绩效管理制度，例如事前、事中和事后的预算绩效管理流程与制度、预算绩效责任与激励机制等。是则得满分，否则酌情扣分	
		制度执行有效性		预算绩效管理制度是否得到落实。是则得满分，否则酌情扣分	
		管理的组织分工		预算绩效管理分工、组织是否明确、有效。是则得满分，否则酌情扣分	
	财务管理	财务制度		是否有专门的资金管理办法；资金管理办法是否符合相关财务会计制度的规定。一项不符合扣1分，严重的此项不得分	
		内部控制及其他制度		是否有内部控制制度，内部控制制度实施是否有效。是则得满分，否则酌情扣分	
		财务人员配备		财务人员人数、素质、培训等是否能满足预算绩效管理需求。是则得满分，否则酌情扣分	
	单位和科室的年度计划	年度计划的合理性、科学性		年度计划是否符合单位、科室的职能、长期规划目标。是则得满分，否则酌情扣分	
		年度计划详细程度		年度计划是否列有详细工作任务、任务时限、工作目标以及相应预算金额等。是则得满分，否则酌情扣分	
		年度计划的执行情况		年度计划是否按期限逐一落实。是则得满分，否则酌情扣分	
	信息系统			是否有信息系统，比如固定资产管理系统、采购信息系统、合同管理信息化等。是否有效利用信息系统。是则得满分，否则酌情扣分	
	政府采购			政府采购是否存在程序、质量和价格等方面问题。是则得满分，否则酌情扣分	

一级指标	二级指标	三级指标	四级指标	评分标准	得分
产出	党建活动	轮训和培训	对象	是否按计划完成党员轮训和培训。按计划完成得满分,一次未完成酌情扣分	
			次数和人数		
		考核、考评与评优		是否按计划完成各类考核、考评和评优工作。按计划完成得满分,否则得0分	
		党费收缴		是否按时收缴党费。按时全部完成,得满分,否则得0分	
		非公组织和企业党建		是否有明确的非公组织和企业党建计划,是否按计划完成。有则得满分,否则得0分。有计划未能全部完成酌情扣分	
		各类学习会议		是否按计划举行各类学习会议。是则得满分,没按计划完成则酌情扣分	
		发展新党员		是否按计划完成新党员的发展。是则得满分,否则酌情扣分	
		其他工作		是否按计划进行。是则得满分,否则得0分	
	劳动和就业	就业困难社会保险补贴	宣传工作	是否广泛宣传就业困难社会保险补贴政策。是得满分,否则得0分	
			发放社会保险补贴	是否按程序、标准及时、准确发放社会保险补贴。是则得满分,否则酌情扣分	
		灵活就业社会保险补贴		是否按程序、标准认真核发灵活就业社会保险补贴人员待遇。有则得满分,否则得0分	
		职业技能补贴		是否按要求、标准认真审核、发放职业技能补贴。是则得满分,否则得0分	
		职业资格证补贴		是否及时、按标准向取得职业资格证书的人员发放补贴。有则得满分,无则得0分	
		取得执业资格证	取得资格证人数	取得资格证人数是否达到计划人数。如果是得满分,少于计划人数得0分	
			取得资格证人数比例	取得资格证人数占被培训人数比例,低于40%的得0分,超过40%低于60%的,酌情扣分	
		促进就业	企业用工调研	是否将开发区用工情况和用工需求调查清楚。是则得满分,否则得0分	
			用工招聘会	是否按计划举行用工招聘会。是则得满分,否则得0分	

一级指标	二级指标	三级指标	四级指标	评分标准	得分
产出	劳动和就业	促进就业	就业培训	培训次数和场次是否完成计划目标。是则得满分，否则酌情扣分	
			其他促进就业工作	是否有其他促进就业工作的手段，比如发布就业信息、对就业困难人员进行针对性帮扶等。有则加分，无则不加分	
		解决拖欠农民工工资和劳工纠纷	解决农民工工资拖欠问题	是否会同相关部门解决农民工工资拖欠问题。有且有效解决得满分，尚未有效解决的，酌情给分	
			解决劳动纠纷	是否及时办结劳动纠纷。是则得满分，否则酌情扣分	
	群团工作	慰问和帮扶等暖心工程	慰问	是否按计划完成慰问活动。是则得满分，否则酌情扣分	
			帮扶	是否按计划开展帮扶活动。是则得满分，否则酌情扣分	
			其他	是否按计划进行其他暖心活动。有则适当加分，无则不加分	
		培训	工会培训	是否按计划进行专业、政治培训。是则得满分，否则酌情扣分	
			团委培训	是否按计划进行培训。是则得满分，否则酌情扣分	
		活动和运动	工会活动和运动	是否完成计划安排的节假日活动和运动。是则得满分，否则酌情扣分	
			团委活动和运动	是否完成计划安排的节假日活动和运动。是则得满分，否则酌情扣分	
		其他工作	比如省、市劳模推荐、总工会换届、团委换届	是否及时完成相关工作计划和任务。是则得满分，否则酌情扣分	
	机关事业单位管理及其养老保险	引进人才	引进人才总数	是否达到预计引进人数。是则得满分，否则酌情扣分	
			引进具有硕、博学位的人才数	是否达到预计引进人数。是则得满分，否则酌情扣分	
			引进具有中高级职称的人数	是否达到预计引进人数。是则得满分，否则酌情扣分	

续表

一级指标	二级指标	三级指标	四级指标	评分标准	得分
产出	机关事业单位管理及其养老保险	教师编制		是否按计划努力解决教师编制历史遗留问题。是得满分，否则酌情扣分	
		机关事业养老保险业务承接	申请承接	各级各部门、单位是否按计划申请承接机关事业单位养老保险经办业务。是则得满分，否则酌情扣分	
			准备工作	是否做好充分准备来承接业务，比如业务培训，与中国移动、银行衔接，试运行系统等。是则得满分，否则酌情扣分	
			办理缴交	按规定对符合条件人员及时办理养老保险缴交业务。是则得满分，否则得0分	
		其他		其他工作是否按计划有效完成。是则得满分，否则酌情扣分	
	城乡居民养老保险	确认参保人员与缴费人员名单		是否及时确认参保人和缴费人，并协调银行出盘扣款。是则得满分，否则酌情扣分	
		信息化平台的建设与使用		是否按计划推进信息化平台建设与运行。是则得满分，否则酌情扣分	
		养老金发放		养老金是否按时、足额发放。是则得满分，否则得0分	
		养老保险金缴交		是否及时、按标准收缴养老保险金。是则得满分，否则酌情扣分	
		核定新增待遇人员		是否及时核定新增待遇人员并及时、足额发放待遇。是则得满分，否则得0分	
	行政服务	行政服务中心筹建		是否按计划进行各项筹建事务，筹建方案是否合理。是则得满分，否则酌情扣分	
		行政服务中心建设	政府采购	是否按规定进行政府采购。是则得满分，否则得0分	
			制定中心管理制度	是否制定较为完善的中心管理制度。是则得满分，否则酌情扣分	
			调研学习	调研学习是否合理，是否吸收适合开发区的经验。是则得满分，否则酌情扣分	
			督促各方面建设	是否及时、有力督促各方按计划建设中心。是则得满分，否则酌情扣分	

续表

一级指标	二级指标	三级指标	四级指标	评分标准	得分
产出	行政服务	行政服务中心建设	窗口人员招聘与培训	窗口人员招聘是否按程序进行，培训是否专业。是则得满分，否则酌情扣分	
			做好各部门入驻中心的各项前期准备工作	是否提前辅导各部门如何入驻办事，是否做好事前各种准备。是则得满分，否则酌情扣分	
效果	经济效益	党员发挥模范作用		党建是否促进公和非公经济中党员模范先锋作用。是则得满分，否则酌情扣分	
		劳动培训和教育促进经济发展		劳动就业培训是否提高就业技能，是否促进就业，教育是否提升当地居民教育水平。是则得满分，否则酌情扣分	
		就业信息和用工招聘平台减少市场交易成本		就业信息发布是否及时、准确，用工招聘平台是否积极有效。有则得满分，否则酌情扣分	
	社会效益	基层工会积极有效		基层工会是否积极有效，能否有效组织会员开展各项活动。是则得满分，否则酌情扣分	
		共青团发挥积极作用		共青团工作是否团结年轻人努力进取。是则得满分，否则酌情扣分	
		文体活动丰富员工生活		文体活动形式是否符合当下员工需求，是否促进员工积极向上地工作、学习和生活，员工是否积极参与。是则得满分，否则酌情扣分	
		社会稳定		无农民工、教师、企业员工等向上级政府投诉、游行、上访行为的，得满分，有则酌情扣分	
	可持续性影响	人才队伍的可持续性影响		引入人才是否稳定增加。是则得满分，否则酌情扣分	
		优秀党员、共青团员的可持续性影响		优秀党员和共青团员人数是否增多。是则得满分，否则酌情扣分	
		职业技术人员的可持续性影响		职业技术人员是否持续增加。是则得满分，否则酌情扣分	

续表

一级指标	二级指标	三级指标	四级指标	评分标准	得分
效果	服务对象满意度	培训对象满意度	党员培训满意度	以满意度调查结果为准，2/3 以上满意的得满分；1/2～2/3 一般满意的，酌情扣分；1/2 以上不满意的，得 0 分	
			工会培训满意度		
			团委培训满意度		
			就业培训满意度		
		招聘对象满意度			
		绩效考核满意度			
		党员满意度	党员对培训以外活动和事项的满意度		
		办事人员对行政服务中心满意度			
		教师满意度			
		农民工满意度			
		社保参保人员满意度			

（三）人事劳动部门事后绩效评价报告案例

××县人事劳动部门事后绩效评价报告

一、评价说明

××县财政委托集美大学地方财政绩效研究中心对人事劳动局 20××年部门整体绩效进行评价，本次预算绩效评价的具体事项说明如下：

1. 评价目的：本次评价目的是"以评促建"，通过预算绩效评价推进部门预算绩效管理制度的完善，提高部门财政资金使用效益。

2. 评价对象：××人事劳动局20××年部门支出整体绩效。

3. 评价方式、方法：本次评价采用现场调研、座谈等方式收集相关资料数据，采用指标法进行评价。

4. 评价原则：本评价小组遵守公正、公开、公平、独立的原则进行绩效评价。

5. 评价依据：依据一是《预算法》；二是2018年9月发布的《中共中央 国务院关于全面实施预算绩效管理的意见》；三是2019年3月福建省委、省政府发布《关于全面实施预算绩效管理的意见》；四是××县印发的《××县财政支出绩效评价管理办法（试行）》。

6. 评价时间：20××年8～11月。

二、评价对象基本情况

人事劳动局下设××个科室：综合科（外事侨务科）、组织科、群团科、机关事业单位社会保险科、行政服务中心、人事劳动服务中心、城乡居民社会养老保险管理中心等。人事劳动局主要工作职责是：（1）负责指导开发区各单位的党务工作；负责开发区机关单位党的政治建设、思想建设、组织建设、作风纪律建设工作；（2）负责开发区党员队伍建设工作、开发区干部队伍建设工作，制定党的组织制度和干部人事制度；（3）负责开发区团委、总工会、妇联和统战工作；（4）贯彻执行国家、省、市行政管理体制、机构改革、机构编制管理、人力资源和社会保障、外事侨务管理工作的法律、法规、规章和政策……

20××年人事劳动局年初一般公共预算支出为××元，调整预算数为××元。年终决算数为××元。基本支出××元，其中人员经费××元，公用经费××元，项目支出××元……

20××年××县财政局尚未要求人事劳动局进行全覆盖的预算绩效管理，人事劳动局仅就几个项目做绩效目标设计、预算绩效监控和事后自评，且绩效目标设计较为粗略。课题组构建部门整体绩效目标，通过实地调研，对照已收集的数据资料来发现部门预算绩效管理的不足，提出完善预算绩效管理的建议，从而实现"以评促建"的目的。

三、评价指标体系

本次对人事劳动局20××年部门整体绩效评价采用指标评价法，绩效评价指标体系的设计主要依据人事劳动局的部门科室职能、20××年项目的绩效目标表、年度计划表和年度总结等。绩效评价指标体系包括投入、过程、产出和效益4个一级指标，其中：

1. 投入一级指标……

2. 过程一级指标……

3. 产出一级指标……

4. 效益一级指标……

四、分指标评价与问题分析

由于在2018年人事劳动局尚未实现"全方位、全覆盖、全过程"预算绩效管理，事前部门整体绩效目标、标准值、目标值等缺失，课题组无法对照事前标准进行合理、科学的评分。通过现场座谈，收集财务数据、预算数据与工作总结等获得信息，课题组进行分指标的绩效分析，并对每个指标进行估分。

（一）分指标评价

1. 投入指标绩效分析。

（1）项目立项。人事劳动局的科室多、任务杂，但各个科室项目较为单一，项目目标明确，比如……

该指标估计得分：××分。

（2）基本支出和项目支出预算。

①基本支出预算。人事劳动局的基本支出主要就是行政运行费用（将基本支出按时间进行纵向比较）。人事劳动局的基本支出增幅很大。经了解，主要原因是机构整合。据此，基本支出预算增长率不予扣分，因为预算增长率大于0主要是客观原因造成的（此例说明，预算绩效评价不能机械教条地使用指标评分标准，评价师要进行仔细、客观的调研，根据职业判断给予评分）。

可再进一步具体分析人员经费和办公经费的预算编制是否有编制标准，支出结构是否合理，是否讲求节俭等。

②项目支出预算……

该指标估计得分：××分。

（3）基本支出和项目支出绩效目标。课题组对收集到的人事劳动局的绩效目标表进行分析后，发现存在以下几个问题：一是未实现全覆盖。部门单位的项目仅有部分设置绩效目标，绩效目标管理未实现全覆盖；二是项目绩效目标设置很粗糙、不合理、缺乏标准值等；三是尚未设置部门基本支出绩效目标和整体绩效目标。

该指标估计得分：××分。

2. 过程指标绩效分析。

（1）项目管理指标。项目管理较为规范。该指标估计得分：××分。

（2）预算绩效管理。目前，人事劳动局没有制定预算绩效管理制度，但课题组考虑到人事劳动局对财政部门的预算绩效管理要求还是相对重视，比如项目绩效目标的设置、事中预算绩效执行监控表和事后绩效自评表的填制。从实际调研看，人事劳动局的预算绩效管理工作尚未实现明确分工。

该指标估计得分：××分。

（3）财务管理与单位和科室年度计划。财务管理指标情况较好。单位和科室年度计划非常详细。

两个指标估计得分：××分。

（4）信息系统和政府采购。课题组在调研中发现，人事劳动局政府采购较为规范。目前部门已经有固定资产、采购合同信息系统。然而，部门信息系统目前的建设水平不能满足预算绩效管理的需要。

两个指标估计得分：××分。

3. 产出指标绩效分析。

（1）党建活动。人事劳动局的党建活动指标主要包括轮训和培训，考核、考评与评优，党费收缴，非公组织和企业党建，各类学习会议，发展新党员，其他工作。从部门的年度工作计划和总结可见，人事劳动局的党建工作目标是明确的，工作是扎实的，成效是显著的，例如……尽管人事劳动局年度总结写得很细致，但年度总结还是以体现主要指标成绩为主，缺乏与年度计划的一一比对，有些指标在年度计划中有体现，在年度总结中却未曾回应。这就导致评价数据的缺失，从而导致无法准确评价。

该指标估计得分：××分。

（2）劳动和就业。人事劳动局的劳动和就业指标主要包括就业困难社会保险补贴、灵活就业社会保险补贴、职业技能补贴、职业资格证补贴、取得执业资格证、促进就业、解决拖欠农民工工资和劳工纠纷。人事劳动局很重视劳动和就业方面的工作，成绩较为突出。

该指标估计得分：××分。

（3）群团工作。人事劳动局群团工作指标包括慰问和帮扶等暖心工程、培训、活动和运动、其他工作。从部门年度总结看，群团工作做得很细致、扎实，对丰富基层员工社会生活和稳定社会起到积极作用。比如……（此处通过详细列举数据、案例等信息证明其绩效）。此指标存在的问题与劳动和就业指标存在的问题相似，即指标计划数和实际完成数没有一一比对，有些指标只看到计划而没有总结实际完成数。

该指标估计得分：××分。

（4）机关事业单位管理及其养老保险。该指标包括引进人才、教师编制、机关事业单位养老保险业务承接、其他。此项指标完成情况良好。存在的问题与上述内容相同。

该指标估计得分：××分。

（5）城乡居民养老保险。该指标包括确认参保人员与缴费人员名单、信息化平台建设与使用、养老金发放、养老金缴交、核定新增待遇人员。此处通过详细数据和案例来证明其绩效。

该指标估计得分：××分。

（6）行政服务。20××年行政服务中心开支比较特殊，主要是新办事大厅建设的项目支出，建设项目支出年初预算数是××万元，决算数是××万元。课题组经过现场调研感受到了新行政服务办事大厅的宽敞、明亮、现代，确实给来办事的人员提供便利与舒适感。应该说，人事劳动局在筹建和建设行政服务中心新的办公大厅方面是高效率、高质的。但近几年来我国面临经济下行压力，财政收支矛盾突出，"减税降费"更是进一步增加财政支出压力。在当前经济和财政形势下，政府凡事务必讲求实效、节俭。《中共中央 国务院关于全面实施预算绩效管理的意见》强调"成本效益"，要求着力提高财政资源配置效率和使用效益。据此，课题组认为：行政服务中心新的办公大厅设计和装修的水平超出当地现有经济和财政水平。因此，对行政服务中心筹建指标酌情扣××分。

该指标估计得分：××分。

4. 效益指标绩效分析。该指标总分40分，比投入、过程、产出指标分值都要高。如此分配分值主要是根据《中共中央 国务院关于全面实施预算绩效管理的意见》中"结果导向"的指导思想。效益指标包括经济效益、社会效益、可持续性影响、服务对象满意度。

（1）经济效益指标。

①党员发挥模范作用。课题组主要通过观察各项工作对中间变量的影响来判断党员是否发挥模范作用。课题组通过调研发现：人事劳动部门党建是有效的。一是把党建工作纳入各部门的关键业绩指标，这在制度上保障党建工作落到实处。二是多举措保障党组织的凝聚力和战斗力；三是通过教育和学习提高党员政治素质和思想意识水平；四是通过务实有效的工作形式让党员发挥先锋模范的作用。考虑非公企业党建还需不断加强，课题组对该指标酌情扣××分。

该指标估计得分：××分。

②劳动培训和教育促进经济发展。20××年人事劳动局组织劳动力技能培训班××期，参加就业技能培训××人。课题组认为，根据预算规模，劳动培训的力度和规模尚有提升空间。因此酌情扣××分。

该指标估计得分：××分。

③就业信息和用工招聘平台减少市场交易成本。20××年人事劳动局通过人才网及时发布招聘快讯××期，微信平台发布招聘信息××期，收集优质企业××家，优质岗位××个（通过具体数据举例证明该举措大大降低了市场交易成本，所采用的方式是有效的）。

该指标估计得分：××分。

（2）社会效益指标。社会效益指标包括基层工会积极有效、共青团发挥积极作用、文体活动丰富员工生活、社会稳定（此处也是通过数据和案例证明绩效）。

该指标估计得分：××分。

（3）可持续性影响。此处通过列举培养的人才、团队数量等证明这一指标内容可持续发挥影响。

该指标估计得分：××分。

（4）服务对象满意度。该指标主要以通过问卷调查表获得的调查结果为准。或者以投诉和投诉处理率为准进行评价。

该指标估计得分：××分。

（二）问题分析与建议

课题组在调研和评价过程中发现人事劳动局在预算绩效管理中存在着问题，这些问题有的是普遍存在的，有的是部门自身问题。为了推进预算绩效管理水平的提高，现将问题及其分析罗列如下：

1. 预算绩效管理理念、制度尚需加强。

建议：部门全员树立预算绩效管理理念，优化部门支出，提高支出效益。

2. 现有预算绩效管理的基础工作不扎实。

建议：制定完整、科学、明确、合理的项目和整体绩效目标，建章立制，做好"全方位、全覆盖、全过程"预算绩效管理。

3. 预算绩效管理工作未实现明确分工。

建议：用制度规定明确的预算绩效管理分工与责任。

4. 预算绩效管理意识不够，缺乏日常准备工作。

建议：每项活动、事项和项目结束后要及时做好满意度调查，且存档备查；各个科室要有科室、项目的工作台账，台账要有明确计划数、实际完成数、耗费人工、物力和财力等原始数据。

5. 人事劳动局的运行成本过高，人员经费过高。

建议：严格控制人员编制，控制行政运行成本。

6. 人才引进政策值得认真评估。

建议：集中有限的财力引入本区急需人才，不盲目参与人才竞争。

7. 培训和活动的主题要集中、明确。

建议：各科室的培训要提前报办公室备案，培训主题要与科室职能相符合。活动要和重大节假日挂钩，不能过于频繁。

8. 行政服务中心需要更精细化的管理。

建议：行政服务中心要进一步完善管理的规章制度，制度尚需进一步完善，要重视行政服务中心运营的成本控制。

五、评价结论

……

六、附件附表

具体包括绩效评价指标表、现场调研照片、调查问卷等。

第三节　卫计部门支出整体绩效管理案例与分析

卫计部门一般包括三大块业务，即医疗、卫生和计生。鉴于卫计部门的科室多和业务复杂的特点，本书建议将卫计部门的医疗、卫生和计生三大块业务分开评估（评价），然后再进行加权综合评估（评价）。

一、卫计部门支出整体绩效事前评估案例与分析

本书将根据相关法律、制度和文件规定探讨卫计部门支出整体绩效事前评估流程、事前评估绩效指标体系，事前绩效评估报告。

（一）卫计部门支出整体绩效事前评估流程

卫计部门支出整体绩效事前评估可分为单位自评估和财政部门组织评估。单位自评估可由单位自己组织内部力量进行评估，也可以委托外部力量

进行评估。本书所说的卫计部门单位整体绩效事前评估流程是指单位委托外部力量进行评估和财政部门组织评估的流程。具体流程如下：

1. 卫计部门或财政部门组织专家准备进行卫计部门支出整体绩效评估；

2. 卫计部门准备事前绩效评估材料，分别寄给专家以进行案头审阅；

3. 卫计部门或财政部门组织专家现场评估，卫计部门现场答辩；

4. 卫计部门事后补充材料，专家现场调研、座谈，收集相关资料和评估信息；

5. 专家撰写事前绩效评估意见；

6. 卫计部门可根据事前绩效评估意见进行反馈；

7. 专家确定并提交事前绩效评估意见；

8. 财政部门把事前绩效评估意见作为预算安排参考。

卫计部门支出整体事前绩效评估专家包括医疗、卫生、计生行业人士，当地人大代表，预算绩效管理专家，居民代表等。事前绩效评估材料包括当地医疗、卫生和计生发展规划，卫计部门本年度预算，预算绩效目标及相关说明等。专家撰写的事前绩效评估意见要对卫计部门本年度预算结构，具体项目支出规模，绩效目标明确性、合理性等给出明确的意见，评估意见的最后还要给出一个总体性的意见，或为无意见通过，或为有意见修改通过，或为有意见不予通过。

（二）卫计部门支出整体绩效事前评估指标体系

事前绩效评估指标体系主要由投入、产出和效果指标构成。以下笔者设计关于医疗、卫生和计生三方面事前绩效指标体系以供参考。

1. 医疗部分的事前绩效评估指标体系。医疗部分的事前绩效评估指标体系包括投入、产出和效果 3 个一级指标。

投入一级指标包括投入总量、投入比重和投入增速等二级指标。其中：（1）投入比重二级指标下设每百万人公共财政医疗支出额、公共财政医疗支出占 GDP 比重、县级公共财政医疗支出占 GDP 比重、乡镇公共财政医疗支出占 GDP 比重、公共财政医疗支出占公共财政支出比重 5 个三级指标。

（2）投入增速指标下设公共财政医疗支出增长率1个三级指标。

产出一级指标包括医疗机构、医疗人员、医疗设施、医疗服务4个二级指标。其中：（1）医疗机构二级指标下设医疗机构总数、三甲医院数量、非三甲医院数量、市级医院数量、基层医疗机构数量、每百万人医疗机构数量等三级指标。（2）医疗人员二级指标下设每千人医疗从业人员数量、医疗从业人数、每千人执业医师人员数、注册护士增长数量等三级指标。（3）医疗设施二级指标下设每千人医疗机构床位数、市区每千人医疗机构床位数、乡镇每千人医疗机构床位数等三级指标。（4）医疗服务二级指标下设病床使用率、市级医师日均担负诊疗人次、基层医师日均担负诊疗人次、病人抢救成功率、急诊抢救成功率、危重病人抢救成功率、治愈成功率等三级指标。

效果一级指标下设社会效益、生态效益、可持续性影响和服务对象满意度4个二级指标。其中，社会效益二级指标主要考量当年度服务病人人数，医疗资源是否能满足当地居民医疗需求，医疗是否为当地主要社会问题。生态效益主要考量当地医疗垃圾处理的有效性。可持续性影响主要考量公共财政医疗支出的增长率和医师团队的年龄、净流出量等。服务对象满意度主要考量病人对医疗服务的满意度，可通过平时的满意度调查或者医疗服务水平在全省排名、获省级以上荣誉等佐证评价。

2. 卫生部分事前绩效评估指标体系。卫生部分事前绩效评估指标体系包括投入、产出和效益3个一级指标。

投入指标下设投入总量、投入比重和投入增速3个二级指标。投入总量下设公共财政卫生支出总额和每百万人公共财政卫生支出额2个三级指标；投入比重指标下设公共财政卫生支出占GDP比重和公共财政卫生支出占一般公共财政总支出比重2个三级指标；投入增速指标下设公共财政卫生支出增长率和人均公共财政卫生支出增长率2个三级指标。

产出指标下设卫生机构、卫生人员和疾病控制水平3个二级指标。卫生机构指标下设卫生机构总数量（下设市级卫生机构总数量和基层卫生机构总数量2个四级指标）、疾病防控预防中心数量、妇幼保健院数量和每百万人卫生机构数量等三级指标。这些指标主要考察卫计部门年度整体支出维持和增加多少数量的医疗卫生机构，是否能满足当地居民对医疗卫生的需求；卫生人员指标下设卫生人员从业人数、每千人卫生从业人数总数量和每千人卫生机构执业医师人员数三级指标。这些指标主要考核目前卫生从业人员是否能满足当地居民的需求。

效益指标下设社会效益、生态效益、可持续性影响和服务对象满意度4个二级指标。

3. 计生部分事前绩效评估指标体系（此部分省略）。

卫计部门可自己做事前绩效评估，以提供给专家审核和答辩使用。事前报告的格式与前文大体一致，本部分就不再赘述。

二、卫计部门支出整体绩效事后评价

卫计部门支出整体绩效事后评价的流程跟其他部门支出整体绩效事后评价流程相同。其评价指标体系与上述事前绩效指标体系略有差别，除了产出指标和效益指标相同外，投入指标的设置存在差异，此外还要设置过程指标。

除了投入总量、投入比重和投入增速外，事后绩效评价的投入指标还下设项目立项和资金落实2个二级指标，其中项目立项指标再下设立项充分性和绩效目标的合理性2个三级指标。资金落实指标再下设资金到位率和资金到位及时率（计生部分资金主要是纵向资金，因此对这两个指标的考核是必要的，如果是医疗和卫生部分，资金主要是来自地方财政，那么设置资金分配指标来替代资金落实指标是有必要的。）2个三级指标。

过程一级指标下设财务管理制度、内部控制制度、政府采购、信息公开等。

卫计部门支出整体绩效事后评价，笔者建议按计生、医疗和卫生三部分进行评价，每部分都是100分制。评价报告中可按每部分资金比重赋予权重，最后再把三部分评价得分加总成为卫计部门的整体绩效得分。

| 第五章 |

政府财政运行综合绩效管理案例与分析

2018 年 9 月 1 日印发的《中共中央 国务院关于全面实施预算绩效管理的意见》提出，实施政府预算绩效管理，要求将各级政府收支预算全面纳入绩效管理。各级政府预算收入要实事求是、积极稳妥、讲求质量，必须与经济社会发展水平相适应，严格落实各项减税降费政策，严禁脱离实际制定增长目标，严禁虚收空转、收取过头税费，严禁超出限额举借政府债务。各级政府预算支出要统筹兼顾、突出重点、量力而行，着力支持国家重大发展战略和重点领域改革，提高保障和改善民生水平，同时不得设定过高民生标准和擅自扩大保障范围，确保财政资源高效配置，增强财政可持续性。

一、政府财政运行综合绩效管理的主体与管理操作

目前，财政部对县级财政管理开展每年的县级财政管理绩效综合评价。县级财政管理绩效综合评价内容包括规范预算编制、强化预算执行、优化支出结构、增强财政可持续性、加大预决算公开 5 个方面。县级财政管理综合绩效评价工作由财政部组织开展，涉及全国 28 个省份（不含北京、天津、

上海 3 个没有县的直辖市，计划单列市并入所在省计算）的 1862 个县（县级市、旗）。2018 年 9 月 1 日印发的《中共中央 国务院关于全面实施预算绩效管理的意见》所提到的实施政府预算绩效管理的内容要比县级财政管理绩效综合评价的内容广，实施主体和被实施主体也比它要复杂。政府预算绩效管理内容包括预算阶段、预算执行、产出和效果 4 个一级指标，实施主体主要是上级政府，被实施主体是下级政府。

　　政府预算绩效管理实质上是政府财政运行的预算绩效管理，即侧重于财政收支活动的绩效管理。本书认为，政府预算绩效管理实施主体是上级政府，换言之，上级政府对下级政府，譬如省对市、市对县、县对乡镇的政府财政收支活动进行全过程绩效管理。全过程预算绩效管理包括事前绩效评估、事中绩效监控和事后绩效评价。严格讲，政府预算绩效管理也要有事前评估、事中监控和事后评价三阶段工作。我国《预算法》第四十八条关于全国人民代表大会和地方各级人民代表大会对预算草案重点审查内容的规定：预算安排是否符合本法规定；预算安排是否贯彻国民经济和社会发展的方针政策，收支政策是否切实可行；重点支出和重大投资项目的预算安排是否适当；预算的编制是否完整，是否符合本法第四十六条的规定；对下级政府的转移支出预算是否规范、适当；预算安排举借的债务是否合法、合理，是否有偿还计划和稳定的偿还资金来源。从第四十八条规定看，对政府财政运行的事前绩效评估并没有明确的规定，但第四十八条提到"预算安排是否符合本法的规定"，我国《预算法》第十二条明确规定"各级预算应当遵循统筹兼顾、勤俭节约、量力而行、讲求绩效和收支平衡的原则"。由此可见，政府财政运行事前绩效评估是有法律基础的。财政部门可以委托第三方机构对政府预算编制进行事前评估，以供人民代表大会在审查预算草案时参考。

　　《预算法》第四十九条规定：全国人民代表大会财政经济委员会向全国人民代表大会主席团提出关于中央和地方预算草案及中央和地方预算执行情况的审查结果报告。省、自治区、直辖市、设区的市、自治州人民代表大会有关专门委员会，县、自治县、不设区的市、市辖区人民代表大会常务委员会，向本级人民代表大会主席团提出关于总预算草案及上一年总预算执行情况的审查结果报告。审查结果报告应当包括下列内容：

1. 对上一年预算执行和落实本级人民代表大会预算决议的情况作出评价；

2. 对本年度预算草案是否符合本法的规定，是否可行作出评价；

3. 对本级人民代表大会批准预算草案和预算报告提出建议；

4. 对执行年度预算、改进预算管理、提高预算绩效、加强预算监督等提出意见和建议。

根据第四十九条规定，政府财政运行绩效事后评价是很有必要的，评价结果作为各级人民代表大会审查预算执行情况的重要依据。

但从实际操作角度看，由于时间紧，且政府预算的事前评估可以通过部门预算的事前编制来实现，单独进行政府预算绩效事前评估工作没有太多现实意义。而政府预算绩效事后评价有益于指导来年的部门预算、项目和政策的绩效管理，所以开展政府预算绩效事后绩效评价是很有必要的。

政府财政运行预算绩效评价如何开展？政府财政运行预算绩效评价的流程大体应包括以下几个步骤：

1. 上级财政部门发出对下级政府财政运行预算绩效评价的招标公告；

2. 通过招投标确定第三方机构；

3. 拟定政府财政运行预算绩效评价指标体系；

4. 第三方实施政府财政运行预算绩效评价，包括收集相关数据信息、调研；

5. 提交政府财政运行综合绩效评价报告初稿，反馈，修改；

6. 定稿。

政府财政运行预算绩效评价应该是政府绩效考核的一个重要组成部分，事后绩效评价结果要及时通报给下级政府，并要求下级政府根据评价中发现的问题和提出的建议在来年进行相应改进、调整。

二、政府财政支出综合绩效事后评价共性指标体系设计

政府财政支出综合绩效是政府财政运行综合绩效最为重要的部分。笔者认为，政府财政支出综合绩效事后评价的共性指标应考虑以下几个组成部分：（1）政府支出依据充分性（是否围绕政府战略发展目标，是否符合公共财政支持范围、是否符合效率、公平和质量等目标）；（2）政府支出预算编制的科学、合理性（结构是否合理，是否围绕"高质量发展"目标，标准是否明确，规模是否与当地经济、财力相匹配，是否优先保障"三保"支出等）；（3）政府支出的绩效管理情况（"三全"预算绩效管理体系构建和实施）；（4）政府支出成本费用控制情况（主要考核评价政府行政运行成本、部门和重大项目成本费用控制的意识和举措）；（5）执行党中央、国务院重大战略部署情况，主要是民生支出保障与财力的匹配度、重大投资和项目的情况；（6）政府信息透明度建设（比如预决算公开工作情况）；（7）政府法治性（主要考核评价政府预算执行的合法合规性）；（8）政府财政支出的主要产出；（9）政府财政支出的效果目标（经济效果、社会效果、生态效果、可持续性和居民满意度）。

近几年，从项目和政策评价工作开始，继而到分行业、分领域绩效指标体系构建与应用，部门预算绩效评价，事前绩效评估、事中监控，预算与绩效管理一体化，预算绩效管理结果应用等，福建省龙岩市财政局扎实地推进"三全"预算绩效管理改革。2023年龙岩市财政局对7个县（市、区）2022年政府财政运行进行综合绩效评价，这意味着龙岩市基本建成"三全"预算绩效管理体系框架。本书根据福建省龙岩市政府财政运行的综合绩效评价案例介绍指标体系的构建。指标体系由预算编制、预算执行、产出和效果四个一级指标构成。其中：

1.预算编制一级指标包括预算收入编制和预算支出编制2个二级指标。

（1）预算收入编制指标下设预算收入编制科学性、规范性和完整性，预

算收入编制绩效目标合理性①2 个三级指标。其中：预算收入编制科学性、规范性和完整性指标用于考核是否按照预算法实施条例规定的时间要求部署编制预算收入，预算收入编制是否对经济发展有科学的预测，是否有明确的依据，是否实施中期财政规划管理，是否符合当时当地经济发展的现状。预算收入编制绩效目标合理性是用于考核各部门预算收入编制是否同时编制绩效目标，绩效目标是否依据充分、是否符合客观实际，用以反映和考核项目绩效目标与项目实施的相符情况。

（2）预算支出编制指标下设预算支出编制的科学性、规范性和完整性，预算支出编制绩效目标合理性 2 个三级指标。其中：预算支出编制的科学性、规范性和完整性指标用于考核是否落实重大政策（"三保"支出的保障），是否编制中期财政规划管理，是否落实过紧日子要求，是否按照轻重缓急顺序安排支出，是否有明确、科学的支出标准等。预算支出编制绩效目标合理性指标用于考核绩效目标是否依据充分，是否符合客观实际，用以反映和考核项目绩效目标与项目实施的相符情况。

2. 预算执行一级指标包括预算收入执行和预算支出执行 2 个二级指标。

（1）预算收入执行指标下设预算收入执行率和预算收入执行合法合规性 2 个三级指标。预算收入执行率指标主要考核各部门是否按计划组织实施完成收入。预算收入执行合法合规性指标主要考核各部门在组织实施各类预算收入时是否符合各项法律、法规和制度要求。

（2）预算支出执行指标下设硬化预算约束力情况、库款保障水平情况、上级转移支付执行情况、暂付款余额、中央直达资金支出进度、预决算公开、预算支出执行合法合规性 7 个指标。其中：硬化预算约束力情况指标主要考核各县（区）严格执行预算情况，重点关注无预算、超预算安排支出，以拨代支等问题；库款保障水平情况指标主要考核各县（区）国库库款保障水平，主要关注地方库款保障水平偏离合理区间（30%~80%）程度，偏离

---

① 目前，财政收入尚未开始实施预算绩效管理。按照 2018 年发布的《中共中央 国务院关于全面实施预算绩效管理的意见》的规定，财政收入也要实施预算绩效管理。

度越高得分越低；上级转移支付执行情况指标主要考核各县（区）在收到中央、省、市转移支付预算后，是否及时分配下达和规范使用；暂付款余额指标下设上年暂付款余额情况和当年暂付款新增情况 2 个三级指标，主要考核是否新增暂付款，以及是否及时清理暂付款余额，当年度暂付款余额占一般公共支出和政府性基金支出的比重是否小于 5%；中央直达资金支出进度指标主要考核各县（区）直达资金支出进度情况，预决算公开指标主要考核地方预算公开及时性、完整性和规范性等情况；考核地方决算公开及时性、完整性和规范性等情况；合法合规指标主要考核各县（区）动用财政资金违规修建楼堂馆所、违规返还（征收）税费、违规发放津贴补贴等情况，支出是否符合各项财经纪律等。

3. 产出一级指标下设收入方面的产出和支出方面的产出 2 个二级指标。

（1）收入方面的产出指标下设可用财力和收入质量 2 个三级指标。可用财力指标下设可用财力增长率四级指标。

$$可用财力增长率 = （本年度可用财力 - 上年度可用财力）/上年度可用财力$$

$$可用财力总量 = 当年本级一般公共预算收入 + 上级税收返还收入 +$$
$$上级一般转移支付收入 - 体制上解$$

收入质量指标下设一般公共预算收入增长率、税收收入占财政收入比重和税收收入占地区生产总值比重 3 个四级指标。其中：

$$一般公共预算收入增长率 = （本年度一般公共预算收入 - 上年度一般公共$$
$$预算收入）/上年度一般公共收入 × 100\%$$

此指标和其他两个收入质量指标一起考核当年度政府财政收入的质量。

$$税收收入占财政收入比重 = 本年度税收收入/本年度财政收入 × 100\%$$
$$税收收入占地区生产总值比重 = 本年度税收收入/本年度地区$$
$$生产总值 × 100\%$$

（2）支出方面的产出指标下设产出数量和产出质量 2 个三级指标。

产出数量指标下设"三保"支出和在职财政供养人数 2 个四级指标。实际上，政府财政支出的产出数量指标是种类繁多而庞杂的。对各个部门归纳抽象出几个关键指标作为产出数量指标内容是可取的，但考虑到政府对部门也有类似的考核指标体系，此次仅选取"三保"支出和在职财政供养人数2个指标。"三保"支出指标用于考核政府是否按政策、制度、规定标准保障运转、保工资、保民生。在职财政供养人数主要考核政府在职财政供养人数是否超出编制数。

产出质量指标下设民生支出占一般公共预算支出比重、人均教育支出、人均社保和就业支出、人均文化体育传媒支出、人均医疗卫生支出、人均农林水支出、人均公共安全支出、人均生态环保支出8个四级指标。

4. 效果一级指标下设经济效果、社会效果、可持续性影响和其他反向指标（扣分项）4个二级指标。其中：经济效果二级指标下设税收收入总额、税收贡献率和税收收入增长率3个三级指标。税收收入总额指标主要考核本年度税收收入是否大于等于上一年度。

$$税收贡献率 = (本年度税收收入／本年度地区生产总值) \times 100\%$$

$$税收收入增长率 = (本年度税收收入 - 上年度税收收入)／$$
$$上年度税收收入 \times 100\%$$

社会效果二级指标下设城镇新增就业人数、城镇居民人均年可支配收入增长率、农村居民人均年可支配收入增长率3个三级指标。

可持续性影响二级指标下设债务限额管理情况，违规举债融资担保、不实化债、违规使用地方政府债券资金等问题，年度化债任务完成情况，债券风险等级情况和财政自给率5个三级指标。

其他反向指标（扣分项）下设重大战略任务财力保障和财政管理出现重大失误2个三级指标。

龙岩市县（区）政府财政运行综合绩效评价指标体系如表5-1所示。

表5-1　龙岩市县（区）政府财政运行综合绩效评价指标体系

一级指标	二级指标	三级指标	四级指标	五级指标	指标内涵及设置依据		分值	评分标准
					内涵释	设置依据	100	
预算阶段	预算编制	预算收入编制	预算收入编制的科学性、规范性和完整性		用于反映是否按照预算法实施条例规定的时间要求，部署编制本级预算收入，预算收入编制是否对经济发展有科学的预测，是否实施中期财政规划管理，是否符合当时当地经济发展的现状	《预算法》，财政部关于县级财政管理绩效考核指标	5	按照预算法实施条例规定的时间要求部署编制本级预算收入的，得1.5分；对各项收入预算有合理依据或科学预测的，得2分；实行中期财政规划管理，编制中期财政规划的，得1.5分
		预算支出编制	预算支出编制的科学性、规范性和完整性		用于考核是否落实重大政策（"三保"）支出的保障），是否编制中期财政规划管理，是否落实过紧日子要求，是否按照轻重缓急顺序安排支出，科学的支出标准等	《预算法》，财政部关于县级财政管理绩效考核指标	5	按照预算法实施条例规定的时间要求部署编制本级预算支出的，得2分；严格按照中央、省、市提前下达的转移支付和新增地方政府债务限额预计数，如实编制预算的，得2分；实行中期财政规划管理，编制中期财政规划的，得1分
预算执行	预算收入执行	预算收入执行合法合规性			主要考核各类预算收入执行是否符合各项法律、法规和制度要求	《预算法》	2	预算收入是否按法定标准征收，是否有法可依。是则得2分，否则得0分
		预算收入执行率			该指标主要考核各部门是否努力按计划组织完成收入	《预算法》	3	年度收入决算数大于等于预算数的，得3分。年度决算数小于预算数，且决算数与预算数比率低于90%的，按3分收入比率得到的百分比计算。其他情况，酌情扣分

续表

指标名称					指标内涵及设置依据		分值	评分标准
一级指标	二级指标	三级指标	四级指标	五级指标	内涵解释	设置依据	100	对存在无预算、超预算安排支出或开展政府采购、出台溯及以前年度违规政策，将超入财政专户、国库集中支付等情况，被巡视、审计、财政监督检查，日常监管指出或被发现问题的，得0分
预算执行	预算支出执行	硬化预算约束力情况			主要考核各县（区）严格执行预算情况，超预算安排支出，以拨代支等问题	《预算法》，财政部关于县级财政管理绩效考核指标	3	
		库款保障水平情况			主要考核各县（区）国库款保障水平，主要关注地方库款保障水平偏离合理区间（30%~80%）程度，偏离度越高得分越低	财政部关于县级财政管理绩效考核指标	3	此项指标以其他部门考核结果为准，此处不重复考核
		上级转移支付执行情况			主要考核各县（区）在收到中央、省、市转移支付预算后，是否及时安排下达和规范下达分配使用	财政部关于县级财政管理绩效考核指标	3	因转移支付资金下达不及时或资金管理不规范引发负面社会舆论的，每项扣0.5分；被巡视、审计、财政监督检查，日常监督指出或发现的：县（区）财政部门分配下达转移支付资金超出预算法规定时限且无正当理由的，每项扣0.5分；转移支付资金用途不符合资金管理办法规定，存在挤占挪用等情况的，每项扣0.5分。以上分数扣完为止

续表

一级指标	二级指标	三级指标	四级指标	五级指标	内涵解释	设置依据	分值	评分标准
							100	
		暂付款余额		上年暂付款余额情况			1	
				当年暂付款新增情况	主要考核各县（市）对《财政部关于严格规范地方财政暂付款项管理的通知》规定的执行情况	财政部关于县级财政管理绩效考核指标	2	此项指标以其他部门考核结果为准，此处不重复考核
	预算支出执行	中央直达资金支出进度			主要考核各县（区）直达资金支出进度情况	财政部关于县级财政管理绩效考核指标	3	此项指标以其他部门考核结果为准，此处不重复考核
		预决算公开			主要考核地方预算公开及时性、完整性和规范性情况，考核地方决算公开及时性、完整性和规范性等情况	财政部关于县级财政管理绩效考核指标	3	此项指标以其他部门考核结果为准，此处不重复考核
预算执行		预算支出执行合法合规性			主要考核各县（区）动用财政资金违规修建楼堂馆所、违规返还（征收）税费、违规减免税费以补助（奖励）等形式变相减免税费或擅自乱收费乱摊派补贴等情况，支出是否符合各项财经纪律等	预算法	2	对县（区）动用财政资金违规修建楼堂馆所、违规返还（征收）税费（含违规减免税收）以补助（奖励）等形式变相减免税费或擅自乱收费乱摊派，违规发放津贴补贴等情况，被巡视、审计、财政监督检查，日常监管指出或发现问题的，每出现一例扣0.5分，扣完为止

续表

指标名称					指标内涵及设置依据		分值	评分标准
一级指标	二级指标	三级指标	四级指标	五级指标	内涵解释	设置依据		
							100	
产出	收入方面的产出	可用财力	可用财力增长率		可用财力增长率=(本年度可用财力-上年度可用财力)/上年度可用财力总量;可用财力总量=当年本级一般公共预算收入+上级一般税收返还收入+上级一般转移支付收入-一体制上解	全面实施预算绩效管理要求	3	略
		收入质量	一般公共预算收入增长率		一般公共预算收入增长率=(本年度一般公共预算收入-上年度一般公共预算收入)/上年度一般公共预算收入×100%	全面实施预算绩效管理要求	3	此项指标以其他部门考核结果为准,此处不重复考核
			税收收入占财政收入比重		税收收入占财政收入比重=本年度税收收入/本年度财政收入×100%	全面实施预算绩效管理要求	3	此项指标以其他部门考核结果为准,此处不重复考核
			税收收入占地区生产值总值比重		税收收入占地区生产总值比重=本年度税收收入/本年度地区生产总值×100%	全面实施预算绩效管理要求	3	此项指标以其他部门考核结果为准,此处不重复考核
	支出方面的产出	产出数量	"三保"支出			基本任务要求	3	按政策、制度、规定标准保障运转,保工资、保民生支出,则各得1分,否则酌情扣分

续表

一级指标	二级指标	指标名称			指标内涵及设置依据		分值	评分标准
		三级指标	四级指标	五级指标	内涵解释	设置依据		
							100	
产出	支出方面的产出	产出数量	在职财政供养人数		主要考核在职财政供养人数是否超出编制数	直接产出指标，与成本指标计算关联	2	在职财政供养人员实际数占核定标准数的比重不超过100%，得2分，超过的县（区）×2分。某县超出率=（1−某县超出率）×2分；超出率=（在职财政供养人员实际数/在职财政供养人员标准数−1）×100%
		产出质量	民生支出占一般公共预算支出比重		指标＝本年度民生支出/一般公共预算支出。其中，本年度民生支出包括教育，社会保障与就业、卫生健康、住房保障、城乡社区、科学技术、节能环保、农林水、交通运输、商业服务业、自然资源海洋气象、粮油物资储备13类	基本任务要求	4	略
			人均教育支出		指标＝本年度教育支出/常住人口	预算绩效管理需要	3	略
			人均社保和就业支出		指标＝本年度社保和就业支出/常住人口	预算绩效管理需要	3	略
			人均文化体育传媒支出		指标＝本年度文化体育传媒支出/常住人口	预算绩效管理需要	3	略

续表

指标名称					指标内涵及设置依据		分值	评分标准
一级指标	二级指标	三级指标	四级指标	五级指标	内涵解释	设置依据		
							100	
产出	支出方面的产出	质量	人均医疗卫生支出		指标＝本年度医疗卫生支出/常住人口	预算绩效管理需要	3	略
			人均农林水支出		指标＝本年度农林支出/常住人口	预算绩效管理需要	3	略
			人均公共安全支出		指标＝本年度公共安全支出/常住人口	预算绩效管理需要	3	略
			人均生态环保支出		指标＝本年度生态环保支出/常住人口	预算绩效管理需要	3	略
		税收收入总额			本年度税收收入总额	预算绩效管理需要	2	略
		税收贡献率			指标＝(本年度税收收入/本年度地区生产总值)×100%	预算绩效管理需要	1	略
效果	经济效果	税收收入增长率			指标＝(本年度税收收入－上年度税收收入)/上年度税收收入×100%	预算绩效管理需要	1	税收收入增长率大于等于全市平均增长率，得满分；税收收入增长率最低的，酌情给分且得分不得高于其他县（区）；其他县（区）得分＝（某县税收收入增长率－其他县税收收入最小增长率)/(其他县税收收入最大增长率－其他县税收收入最小增长率)×分值

续表

一级指标	二级指标	指标名称				指标内涵及设置依据		分值	评分标准
		三级指标	四级指标	五级指标		内涵解释	设置依据		
								100	
效果	社会效果	城镇新增就业人数				根据统计局报送的数据计算	预算绩效管理需要	3	城镇就业新增人数大于等于全市县（区）级平均城镇就业新增人数且城镇就业新增人数最低的县（区），酌情给分且得分不得高于其他县（区）；其余县（区）得分＝（某县城镇就业新增人数－其他县城镇就业新增人数最小值）/（其他县城镇就业新增人数最大值－其他县城镇就业新增人数最小值）×分值
		城镇居民人均年可支配收入增长率				根据统计局报送的数据计算	预算绩效管理需要	3	城镇居民人均年可支配收入增长率大于等于全市县（区）级平均城镇居民人均年可支配收入增长率的县（区），酌情给分，得满分；城镇居民人均年可支配收入增长率最低的县（区），酌情给分且得分不得高于其他县（区）；其余县（区）得分＝（某县城镇居民人均年可支配收入增长率－其他县城镇居民最低人均年可支配收入增长率）/（其他县城镇居民人均年可支配收入最大增长率－其他县城镇居民最低人均年可支配收入增长率）×分值

续表

一级指标	二级指标	三级指标	四级指标	五级指标	内涵解释	设置依据	分值	评分标准
效果	社会效果	农村居民人均可支配收入增长率			根据统计局报送的数据计算	预算绩效管理需要	3	农村居民人均年可支配收入增长率大于等于全市县（区）级平均农村居民人均可支配收入增长率的，得满分；农村居民人均年可支配收入增长率最低的，酌情给分且得分不得高于其他县（区）其余县（区）得分＝(某县农村居民人均最低可支配收入增长率－其他县农村居民最低人均可支配收入增长率)/(其他县农村居民最高人均可支配收入增长率－其他县农村居民最低人均可支配收入增长率)×分值
	可持续性影响	债务限额管理情况			本年度政府债务限额管理情况	预算绩效管理需要	2	此项指标以其他部门考核结果为准，此处不重复考核
		违规举债融资担保、不实化债、违规使用地方政府债券资金等问题			考核政府是否存在违规举债融资担保、不实化债、违规使用地方政府债券资金问题	预算绩效管理需要	2	此项指标以其他部门考核结果为准，此处不重复考核
		年度化债任务完成情况			考核政府是否按规定安排自有资金偿还当年到期政府债券本金、利息等	预算绩效管理需要	2	此项指标以其他部门考核结果为准，此处不重复考核

| 100 |

续表

一级指标	二级指标	指标名称			指标内涵及设置依据		分值	评分标准
		三级指标	四级指标	五级指标	内涵解释	设置依据	100	
	可持续性影响	债券风险等级情况			考核政府债券风险等级是否上升	预算绩效管理需要	2	此项指标以其他部门考核结果为准，此处不重复考核
		财政自给率			指标＝(本级税收入＋非税收入)/一般公共支出×100%	预算绩效管理需要	2	财政自给率大于等于全市县(区)平均财政自给率的，得满分；财政自给率最低的，酌情给分且得分不得高于其他县(区)；其余县(区)得分＝(某县财政自给率－其他县最低财政自给率)/(其他县最高财政自给率－其他县最低财政自给率)×分值
效果	其他反向指标(扣分项)	重大战略任务财力保障			主要考核各县(区)围绕国家、省、市重大战略任务落实国家、省、市重大战略资金投人，增强地方财政保障能力有关情况	财政部关于财政管理绩效考核指标	-5	对地方财政落实国家、省、市重大战略任务财力保障不到位，被巡视、审计、财政监督检查，日常监管指出或发现问题的，每出现一例扣1分，扣完为止
		财政管理出现重大失误			主要考核各县(区)财政管理是否存在重大失误	财政部关于财政管理绩效考核指标	-5	对存在以拨作支、违规列支暂付款、违规出借借款、收支分类科目混用或财政收收支不实等情况，被巡视、审计、财政监督检查，日常监管指出或发现问题的，每出现一例扣1分，扣完为止

注：指标分值的分配主要根据目标和问题导向，根据财政管理需要确定。

三、政府财政运行综合绩效评价报告案例

政府财政运行综合绩效评价报告可分为总报告和分报告，比如市对县的政府财政运行综合绩效评价，总报告就是反映所有县政府财政运行的基本情况、成绩和问题、评价结果和对策建议，分报告是分别反映各县政府财政运行的基本情况、成绩和问题、评价结果和对策建议。本书模拟一个总报告和分报告案例，具体如下。

（一）总报告案例

××市县（市、区）政府财政运行综合绩效（20××）
评价报告

为促进××市县（市、区）政府财政运行综合绩效的进一步提升，根据《预算法》有关财政资金绩效评价的条款，2018 年 9 月颁布的《中共中央 国务院关于全面实施预算绩效管理的意见》，2019 年 3 月福建省委、省政府发布的《关于全面实施预算绩效管理的实施意见》，中共××市委办公室××市人民政府办公室 2019 年 6 月印发的《全面实施预算绩效管理工作方案》的通知，××市财政局委托集美大学地方财政绩效研究中心设计县（市、区）级政府财政运行综合绩效体系，对各县（市、区）20××年政府财政运行综合绩效进行评价，总结政府财政运行的绩效，分析各指标存在的问题，提出改进建议。

一、评价工作的开展情况

1. 成立评价工作小组：自 20××年 9 月初接受委托，本中心成立评价工作小组。小组成员由具有高级职称人员××名、具有中级职称人员××名、其他人员××名组成。

2. 分阶段开展工作：20××年 9～10 月，评价小组通过中国知网收集相关文献资料，借鉴其他省市设计的政府财政运行综合绩效评价指标体系，11

月初设计并提交××市县（市、区）政府财政运行综合绩效评价指标体系；20××年2月收集各县（市、区）相关评价资料与信息，依次计算相关评价指标分值；2~3月中旬，评价小组奔赴各县（市、区）调研，进一步收集相关数据资料信息；3月中下旬，评价小组撰写并提交评价报告。

3. 评价工作方法：本次评价采用文献法、比较研究法、实地调研法和指标评价法。

二、评价指标体系设计

本次县（市、区）政府财政运行综合绩效评价指标体系包括预算阶段、预算执行、产出和效果4个一级指标。

1. 预算阶段指标下设预算编制1个二级指标；预算收入编制、预算支出编制2个三级指标；预算收入编制的科学性、规范性和完整性，预算支出编制的科学性、规范性和完整性2个四级指标。

2. 预算执行指标下设预算收入执行和预算支出执行2个二级指标。其中：预算收入执行指标下设预算收入执行合法合规性和预算收入执行率2个三级指标。预算支出执行指标下设硬化预算约束力情况、库款保障水平情况、上级转移支付执行情况、暂付款余额、中央直达资金支出进度、预决算公开、合法合规性7个三级指标。

3. 产出指标下设收入方面的产出和支出方面的产出2个二级指标。其中：收入方面的产出指标下设可用财力增长率（暂不做考核）、收入质量2个三级指标。收入质量指标下设一般公共预算收入增长率、税收收入占财政收入比重和税收收入占地区生产总值比重3个四级指标；支出方面的产出指标下设产出数量和产出质量2个三级指标。产出数量指标包括"三保"支出和在职财政供养人数2个四级指标。产出质量指标下设民生支出占一般公共预算支出比重、人均教育支出、人均社保和就业支出、人均文化体育传媒支出、人均医疗卫生支出、人均农林水支出、人均公共安全支出、人均生态环保支出8个四级指标。

4. 效果指标下设经济效果、社会效果、可持续性影响和其他反向4个二级指标（扣分项）。其中：经济效果指标下设税收收入情况1个三级指标和税收收入总额、税收贡献率、税收收入增长率 3 个四级指标；社会效果指标下设城镇新增就业人数、城镇居民人均可支配收入增长率、农村居民人均可支配收入增长率 3 个三级指标；可持续性影响指标下设债务限额管理情况，违规举债融资担保、不实化债、违规使用地方债券资金等问题，年度化债任务完成情况，债券风险等级，财政自给率 5 个三级指标；其他反向指标下设重大战略任务财务保障和财政管理出现重大失误 2 个三级指标。

三、评价结果

经收集资料和调研后，评价小组对××市各县（市、区）政府财政运行综合绩效评价结果如下：××县××分、××县××分……

四、主要指标得分情况分析

评价小组对县（市、区）政府财政运行综合绩效的主要指标和得分差异较大指标进行分析，具体情况如下：

1. 预算收支编制指标（略）。

2. 硬化预算约束力指标（略）。

3. 库款保障水平情况指标（略）。

4. 暂付款余额指标。该指标下设上年暂付款余额情况（1 分）和当年暂付款新增情况（2 分）2 个指标（略）。

5. 中央直达资金进度指标。该指标满分 3 分，具体得分如下：……由此可见，中央直达资金进度还需加强管理。

6. 预决算公开指标。该指标满分 3 分，具体得分如下：……据此看，××区、××县、××县、××县的预决算公开指标还有较大提升空间。

7. 一般公共预算增长率指标。

8. 税收收入占财政收入比重指标（略）。

9. 税收收入占地区生产总值比重指标（略）。

10. 民生支出占一般公共预算支出比重指标（略）。

11. 税收增长率指标（略）。

12. 债务指标。债务指标下设债务限额管理，违规举债融资担保、不实化债、违规使用地方政府债券资金等问题，年度化债任务完成情况，债券风险等级情况 4 个指标。其中，各县（市、区）的债务限额管理情况和年度化债任务完成情况指标都得满分（略）。

13. 财政自给率指标（略）。

五、各县（市、区）政府财政运行综合绩效管理成绩与问题

总体上，各县（市、区）预算收支编制较为规范科学，能落实中央和省市政策精神，贯彻财政部关于过紧日子的要求，按照轻重缓急顺序安排支出；预算收支执行的合法合规性较强；库款保障水平情况基本表现良好；上级转移支付执行情况各县（市、区）均得满分；支出方面的产出指标中的"三保"支出和在职供养人数表现较好，都得满分；经济效果指标中的税收收入总额指标表现良好，各县（市、区）20××年税收收入总额几乎都大于或等于 20××年税收收入总额，××县除外。可持续性指标的债务限额管理情况、年度化债任务完成情况、债券风险等级（××县除外）都得满分。随着"三全"预算绩效管理框架的基本建成，各县（市、区）政府运行的综合绩效有明显提升。

评价小组也发现各县（市、区）政府财政运行综合绩效管理中还存在一些问题，具体如下：

1. 中期财政规划管理开展不均衡。根据国务院印发的《关于实行中期财政规划管理的意见》，为加快建立现代财政制度、改进预算管理和控制，财政部门应会同各部门研究编制三年滚动财政规划。目前，各县（市、区）财政部门均不同程度开展中期财政规划编制工作，该项编制工作专业要求高、信息技术条件成熟，实施中期财政规划管理方面，部分县仍处于探索起步阶段。中期财政规划管理的缺位可能会影响预算约束力和财政可持续性发展。

2. 预算约束硬化和执行合法合规性有待加强（略）。

3. 暂付款余额管理问题要重视（略）。

4. 部分县（市、区）中央直达资金支出进度指标还有改进空间（略）。

5. 部分县（市、区）预决算公开工作需要进一步完善。根据 20××

年的评价结果，除了××县和××县得分较高外，其余县的预决算公开存在公开格式不够规范、公开内容不够完整等情况，该项工作需要进一步完善。

6. 地方政府债券管理还需进一步加强。地方政府债券管理直接关系到地方政府财政的健康可持续性发展（略）。

7. 经济规模有待扩大，经济抗风险能力需要进一步提升（略）。

8. 预算绩效管理改革有待进一步推进。经过近几年的努力，各县（市、区）基本建成"三全"预算绩效管理体系框架。然而，预算绩效管理工作还是面临各种困难和不足，比如：（1）全面实施预算绩效管理意识不够，认识不到位；（2）部门单位预算绩效管理工作有待夯实。目前，部门单位的事前绩效目标表存在绩效目标设置不完整、不合理、指标值不科学、评分标准不明确等问题，部门单位预算绩效管理的自评价还流于形式，自评价报告可用性较低；（3）事前绩效评估工作有待加强；（4）预算绩效管理结果的应用力度不大。各县（市、区）预算绩效管理改革需要进一步推进。

六、进一步提高各县（市、区）政府财政运行综合绩效的建议

为进一步提高县（市、区）政府财政运行综合绩效，评价小组针对以上问题提出以下几条建议：

1. 强化预算绩效管理理念，组织保障预算绩效管理改革。目前，各县（市、区）基本建成"三全"预算绩效管理体系框架，但预算绩效管理理念尚未深刻融入财政运行与管理当中，预算绩效管理工作面临各种困难和不足。为促进预算绩效管理工作高质量开展，各县（市、区）党委和政府主要负责人要加强对本地区预算绩效管理工作的组织领导，各部门单位主要负责人对本部门本单位预算绩效负责，组织本部门单位各个科室积极主动实施预算绩效管理，财政部门要加强预算绩效管理工作的组织协调，指导各部门单位开展预算绩效管理工作。

2. 深化预算绩效管理改革，高质量开展绩效管理工作。为进一步推进预算绩效管理改革、提高政府财政运行综合绩效，评价小组提出几条具体的建议：（1）预算绩效管理工作的重点可由事后绩效评价前移至事前绩效评估，

同时注重事前评估、事中绩效监控与监控结果的应用。未来，财政部门要重视事前绩效评估的组织与开展，利用事前评估手段提高财政资源配置效率，认真做好事中绩效监控，应用监控结果加强对财政资金使用效益的管理。（2）结合实际情况确定绩效管理目标和重点，务实求真开展预算绩效管理工作。目前各县（市、区）经济规模和财力水平有限，预算绩效管理目标主要在于推动预算管理的标准科学、规范透明、约束有力和优化支出结构。未来预算绩效评价工作重点在于部门单位整体支出绩效和政策绩效，而非每年的重点项目支出绩效评价。（3）全力支持财政部门进行预算绩效管理结果应用，确实解决预算管理中存在的问题。预算绩效管理结果应用必然触动部门单位利益，其实施存在较大困难和障碍。政府要出台相应规章制度支持财政部门进行预算绩效管理结果应用。（4）组织各县（市、区）总结交流预算绩效管理工作经验，推动预算绩效管理工作顺利开展。评价小组在调研中发现，一些县（市、区）预算绩效管理工作开展井然有序、较有成效，工作经验值得借鉴……

3. 关注政府财政运行效果指标，努力提高经济和社会效果。"更加注重结果导向"是我国预算绩效管理改革的指导思想之一。预算结果包括预算支出的产出和效果，效果有经济效果、社会效果、生态效果和可持续性影响等内容。受限于经济发展和财力水平，各县（市、区）财政对经济发展的基础设施投入有限，经济地理条件使得招商引资存在较大困难，财政运行的经济和社会效果较差。202×年各县（市、区）经济效果指标中的税收贡献率和税收收入增长率得分不理想，社会效果指标中的城镇新增就业人数和农村居民人均年可支配收入增长率得分有待提高……

4. 加强地方政府债务管理，秉持可持续性发展理念。各县（市、区）要严格防范债券风险，严禁违规举债融资担保、不实化债、违规使用地方政府债券资金等问题出现，继续做好债券限额管理，保证财政的健康发展。此外，根据国务院印发的《关于实行中期财政规划管理的意见》要求，各县（市、区）财政部门要会同各部门研究编制三年期滚动的财政规划，改进预算管理和控制，促进财政可持续性发展。

5. 重视财政日常监督管理，全面提高财政管理绩效。财政管理绩效是政府财政运行综合绩效的重要组成部分。目前财政部组织开展的县级财政管理绩效综合评价主要包括规范预算编制执行、优化支出结构、增强财政可持续性、加大预决算公开等方面的内容。……各县（市、区）要重视财政的日常监督管理，加快建立全面规范、标准科学、约束有力的预算制度，提高财政资源配置效率和使用效益，保障党中央重大方针政策和决策部署实施效果，推动经济高质量发展。

集美大学地方财政绩效研究中心
20××年4月23日

（二）分报告案例

××县政府财政运行综合绩效（20××）评价报告

一、××县政府财政运行基本情况

20××年××县本级一般公共预算收入××万元，扣除留抵退税因素后增长××。20××年全市一般公共预算支出完成××万元，增长××，其中，民生支出××万元，占一般公共预算支出的××，不断满足人民日益增长的美好生活需要。20××年，"三保"支出××万元，其中，保基本民生支出××万元，保工资支出××万元，保运转支出××万元。

总体上，20××年度××县预算收支编制较为规范科学，能落实中央和省市政策精神，贯彻财政部关于"过紧日子"的要求，按照轻重缓急顺序安排支出；预算收支执行的合法合规性强，预算支出能严格遵守预算法要求，做到"凡支出必有预算"，当年度未出现暂付款新增情况；库款保障情况良好，预决算公开工作到位；预算收入质量较好，尤其是一般公共预算收入增长率在××市各县（市、区）中是最好；××县当年度支出方面的产出指标表现相对较好，尤其是产出数量指标（"三保"支出和在职供养人数）；效果指标中的城镇居民人均可支配收入增长率和财政自给率指标得分较为理想。

二、政府财政运行综合绩效管理工作成绩与亮点

调研和评价中发现，××县政府财政运行综合绩效管理工作有一定成绩和亮点。

1. 重视并保障民生支出，主动补齐民生短板。20××年××县财政民生支出××亿元，占一般公共预算支出的××……

2. 财税政策积极服务实体经济，支持稳住本地经济发展。20××年××县财政统筹抓好组合式税费支持政策和惠企政策落实实施，确保各项纾困政策措施直达基层、直接惠及市场主体。

3. 扎实推进预算绩效管理工作，基本搭建了"三全"预算绩效管理体系框架。近几年××县财政局认真贯彻中央、省、××市关于全面实施预算绩效管理工作部署和文件精神，扎实开展预算绩效管理基础工作，包括组织保障、制度建设、指标库建设、信息化建设以及绩效信息公开等方面，实施"全方位、全过程、全覆盖"的预算绩效管理。

4. 深化财政投资评审改革，实施项目动态管控机制。20××年××县财政局深化投资评审改革，建立以概算为核心的全动态项目投资管控机制，加强对政府投资项目资金使用全过程监督，管控机制对降低投资项目投资成本、节约财政资金取得较为显著成效。

5. 多措并举，确保库款保障水平在合理的区间。××县主要从以下四个方面调节库款保障水平：（1）积极组织收入，加强与税务、其他部门的密切联系，构建税费信息共享机制，精准预测收入；（2）与上级财政部门密切沟通，及时申请资金调度；（3）严控库款流出，下调单位零余额账户支付限额，定期收集各预算单位近期预计的大额支出数据，按轻重缓急合理安排支出，优先按保工资、保基本民生、保运转顺序支出；（4）每月综合分析库款月报数据和指标执行情况，并重点关注增减幅度大的数据，充分了解库款结构，以及进出的规律，针对性地提出改进措施。确保库款保障水平在合理的区间内。

6. 推进预算管理一体化工作，强化政府采购管理。全面使用预算一体化系统，开展基础信息、项目库、预算编制、预算执行、单位会计核算等模块实施运用。提升电子化政府采购平台功能，加大政府采购支持中小企业力度，提高政府采购质效。

三、政府财政运行综合绩效管理存在的问题

调研和评价发现，××县政府财政运行综合绩效管理存在以下几个主要问题：

1. 中期财政规划管理水平需要进一步提高。根据国务院印发的《关于实行中期财政规划管理的意见》，为加快建立现代财政制度、改进预算管理和控制，财政部门应会同各部门研究编制三年滚动财政规划……

2. 暂付款管理还需努力……

3. 经济效果和社会效果指标得分不佳。政府财政运行的经济效果和社会效果得分不佳，其直接原因是疫情和税收政策的影响，根本原因是经济的行业结构不合理，经济的抗系统风险能力有待提高，税收增长率指标得分……

4. 债务管理还要进一步加强。20××年××县债务余额在省厅核定限额内，不存在违规举债融资担保、不实化债、违规使用地方政府债券资金等问题……

5. 预算绩效管理存在问题和困难。近几年××县预算绩效管理取得了一定成绩，但也存在一些问题，比如：（1）全面实施预算绩效管理意识不够，认识不到位。一些政府部门单位领导对预算绩效管理工作不重视，部门单位各科室未主动介入预算绩效管理，预算绩效管理工作交由财务人员负责。财务人员的流动性大、不熟悉业务等问题导致预算绩效管理工作无法有效开展。（2）部门单位预算绩效管理工作有待夯实。目前，事前绩效目标表存在绩效目标设置不完整、不合理，指标值不科学，评分标准不明确等问题，部门单位预算绩效管理的自评价还流于形式，自评价报告可用性较低。（3）事前绩效评估工作有待加强。因预算编制时间短、单位上报的项目繁多、专业评估力量有限等，事前评估工作存在困难。（4）绩效管理结果应用力度不大。

四、评价结果

经评价，××县政府财政运行综合绩效得分为××分。各项指标具体得分如下：

1. 预算阶段指标：预算收入编制的科学性、规范性和完整性得××分，预算支出的科学性、规范性和完整性得××分。

2. 预算执行指标：①预算收入执行：合法合规性得××分，预算收入执行率得××分。②预算支出执行：硬化预算约束力情况得××分，库款保障水平情况得××分，上级转移支付执行情况得××分，上年暂付款余额情况得××分、当年暂付款新增情况得××分，中央直达资金支出进度得××分，预决算公开得××分，合法合规性得××分。

3. 产出指标：①收入方面的产出：一般公共预算收入增长率得××分，税收收入占财政收入比重得××分，税收收入占地区生产总值比重得××分。②支出方面的产出："三保"支出得××分，在职财政供养人数得××分，民生支出占一般公共预算支出比重得××分，人均教育支出得××分，人均社保和就业支出得××分，人均文化体育传媒支出得××分，人均医疗卫生支出得××分，人均农林水支出得××分，人均公共安全支出得××分，人均生态环保支出得××分。

4. 效果指标：①经济效果：税收收入总额得××分，税收贡献率得××分，税收收入增长率得××分。②社会效果：城镇新增就业人数得××分，城镇居民人均年可支配收入增长率得××分，农村居民人均年可支配收入增长率得××分。③可持续性影响：债务限额管理情况得××分，违规举债融资担保、不实化债、违规使用地方政府债券资金等问题得××分，年度化债任务完成情况得××分，债券风险等级情况得××分，财政自给率得××分。

五、进一步提高政府财政运行综合绩效的建议

根据调研和评价中发现的问题，评价小组提出进一步提高××县政府财政运行综合绩效的几条建议：

1. 实施中期财政规划管理，确保财政可持续发展。××县政府要重视财

政可持续性发展，要支持财政部门实施中期财政规划管理。财政部门应会同各部门研究编制三年滚动财政规划，年度预算要根据中期财政规划进行编制。

2. 预算支出安排保障，逐年清理暂付款余额。20××年初××县暂付款余额为××万元，当年清理消化暂付款××万元，年末暂付款余额为××万元。按规定，年末暂付款累计余额占当年地方级一般公共预算和政府性基金支出之和的比重不得超过5%。××县还要继续重视暂付款余额清理，要严控暂付款规模，制定方案尽快消化清理暂存款余额。

3. 控制债务余额，防范债务风险。在债务管理方面，××县不存在违规举债融资担保、不实化债、违规使用地方政府债券等问题。往后要更加注意控制债务规模，防范债务风险。

4. 优化产业结构，培植优质税源。目前××县的支柱产业是制造业、房地产业、采矿业、建筑业，产业和产业结构属于传统型，缺乏活力且抗系统性风险能力弱。我国经济发展正在积极进行转型升级，××县要努力优化自身的产业结构，培植优质税源，增强经济和财政抵抗系统性风险的能力。

5. 高度重视预算绩效管理改革，推动绩效管理工作高质量开展。预算绩效管理是建立现代财政制度的重要内容，更是解决预算管理诸多问题的重要举措。根据《中共中央 国务院关于全面实施预算绩效管理的意见》，地方各级政府和各部门单位是预算绩效管理的责任主体。××县政府要高度重视预算绩效管理改革，要推进预算绩效管理的高质量开展。各部门单位领导要确实负责起本部门本单位预算绩效管理工作，要建立预算绩效管理工作领导小组，要建立完善的预算绩效管理制度，要让各科室自觉介入日常预算绩效管理工作。财政部门要注重事前绩效评估，要加强事中预算绩效监控，要进一步做好事后绩效评价，要推动绩效评价结果的应用。

集美大学地方财政绩效研究中心

20××年4月23日

四、政府财政运行综合绩效管理的进一步思考

政府财政运行综合绩效管理是"全方位"预算绩效管理最高层面管理。目前各地政府已经在尝试做政府财政运行综合绩效评价，但地方政府对"全过程"政府财政运行综合绩效管理还处在探索之中。

有学者指出（白景明，2023）[①]，财政支出总额是财政支出的汇总数。依据现行预算管理制度，可把财政支出总额划分为财政总支出、各类预算支出总额、行业支出总额三个层次，然后逐层次进行评价。如何实施逐层评价？财政支出功能分类是按国家职能细分结构作出的，逐层展开财政支出总额绩效评价可以依据财政支出功能分类进行。我国的财政支出功能分类科目设置情况是对照国家主要职能，把财政支出分为一般公共服务、国防、外交、公共安全、科学技术、社会保障和就业等大类，类下又设款反映该类国家职能具体提供的各种公共产品支出，款下再设项反映该款涉及的细化公共产品支出。比如教育支出为类级支出，下设教育管理事务、普通教育、特殊教育等 10 款，每款又下设若干项。评价教育支出总额绩效，可先对各款支出进行评价，如评价普通教育，进行款级支出评价时先对项级支出进行评价，如评价普通教育时先对学前教育、小学教育等进行评价，依次类推，最后综合各款支出绩效评价形成教育支出总额绩效评价。

逐层进行财政支出绩效评价后再综合形成总额支出绩效评价是很有创新的思路，可以作为全方位预算绩效管理的有益补充，换言之，按功能支出进行评价也属于全方位评价的另一个层次。但从哲学角度看，部分的效用之和不等于整体效用。政府财政运行支出综合绩效评价似乎不是各功能分类支出绩效的简单汇总。笔者认为，首先政府财政运行综合评价要突破"指标法"才可能有更科学合理的评价，比如计量研究方法的引入，尤其是在评价政府财政支出的经济效益方面，计量模型的引入很重要。其次，政府财政运行综

[①]　白景明. 逐层进行财政支出总额绩效评价的思考［N］. 中国财经报，2023－04－15.

合评价要围绕国家政府宏观战略目标是否实现，结合当地经济发展水平和财力现状进行评价，要基于当地预算绩效管理水平，尤其是项目和政策、部门预算绩效管理改革的水平进行评价。低层面预算绩效管理改革越完善，高层面预算绩效管理改革才可能取得更好成效。再次，政府可考虑引入政府功能支出评价，以此作为政府财政运行综合绩效评价的基础。最后，政府财政运行综合绩效评价是否考虑长周期评价也值得探讨。年度政府财政运行综合绩效评价应侧重于哪些领域评价，哪些领域需要进行长周期评价，这些问题都要学界和实务界一起讨论解决。

参考文献

［1］白景明，程北平，王泽彩，等．中国财政绩效报告——理论与实践（2018）［M］．北京：中国财政经济出版社，2018．

［2］财政部会计准则委员会．政府绩效审计与政府会计［M］．大连：大连出版社，2005．

［3］刘尚希．关于预算绩效管理的几点思考［J］．地方财政研究，2019（2）．

［4］王泽彩，王敏．创新应急管理财政政策的若干思考［J］．中国行政管理，2020（5）．

［5］胡志勇，等．中国部门预算绩效管理改革研究［M］．北京：经济科学出版社，2021．

［6］中国财政学会绩效管理研究专业委员会编选小组．中国财政绩效报告——新实践、新思考［M］．北京：中国财政经济出版社，2021．

［7］郑涌，郭灵康．全面实施预算绩效管理：理论、制度、案例及经验［M］．北京：中国财政经济出版社，2021．

［8］陈世忠，彭俊英．管理会计在事业单位中的应用：基于政府会计改革的背景［J］．会计之友，2019（12）．

［9］陈雄智，吴伟琴．我国财务审计与绩效审计的比较与结合［J］．财会月刊，2006（12）．

［10］陈志勇，毛晖，张春雨，等．部门预算绩效评价结果应用：现状

与展望［J］．财政监督，2019（24）．

　　［11］邓九生．政府"产品"的界定与计量问题研究［J］．中南财经政法大学学报，2013（2）．

　　［12］曹堂哲．部门整体绩效管理的协同机理与实施路径——基于预算绩效的审视［J］．中央财经大学学报，2019（6）．